高等院校体育运动类立体化精品教材

气排球

主编 张红松　　执行主编 孙 帅

华南理工大学出版社
·广州·

图书在版编目（CIP）数据

气排球 / 张红松主编. —广州：华南理工大学出版社，2021.8（2025.1重印）
ISBN 978-7-5623-6417-7

Ⅰ.①气… Ⅱ.①张… Ⅲ.①排球运动-基本知识 Ⅳ.①G842

中国版本图书馆CIP数据核字（2020）第144470号

QIPAIQIU
气排球

张红松　主编

出 版 人：	**房俊东**
出版发行：	华南理工大学出版社
	（广州五山华南理工大学17号楼，邮编510640）
	http://hg.cb.scut.edu.cn　E-mail：scutc13@scut.edu.cn
	营销部电话：020-87113487　87111048（传真）
策划编辑：	王　磊
责任编辑：	付爱萍
责任校对：	梁晓艾
印 刷 者：	广州小明数码印刷有限公司
开　　本：	787mm×1092mm　1/16　印张：9　字数：197千
版　　次：	2021年8月第1版　2025年1月第4次印刷
定　　价：	48.00元

版权所有　盗版必究　印装差错　负责调换

前　言

气排球运动是起源于我国的一项将运动、休闲、娱乐融为一体的群众性体育项目，是排球简化、软化发展的结果。该项目具有器材相对简单、亲和性好、易于开展、观赏性和娱乐性强的特点，适于健身、健心，具有丰富的文化内涵。

气排球本身的特性和运动特点符合我国各阶层人民群众的身心特点，可以作为纽带拉动学校体育、社区体育以及企事业单位文化体育的互动、融合与发展。作为一项新的体育运动项目，气排球运动如今已经获得越来越多人的青睐，并加入了全运会阵营。随着社会经济的不断发展以及人们对美好生活需求的不断增长，有必要大力普及推广气排球运动。为此，教程编写组在参阅排球和气排球相关教材和书籍的基础上组织编写了本书。

本书主要读者对象为体育院校和其他开设气排球课程的相关院校的学生以及各类气排球爱好者。

本书由广州体育学院排球教研室集体编写。主编：张红松，执行主编：孙帅，主审：顾伟农、王革，副主编：曲献绘，参与撰写人员：丁世聪、钟贵钦、郑胜、李超、李伟鹏，全书由张红松统筹定稿，副主编曲献绘同志现已调往广西师范大学，其前期做了大量基础工作。另外，书中气排球技术展示内容由闫攀岭同学完成。

广州体育学院气排球教程编写组

2020年2月

图 例

○ 队员

① 1号位队员

② 2号位队员

T 拦网

——▶ 球的运行路线

------▶ 队员跑动路线

⌒⌒▶ 队员在空中的位移路线

目 录

第一章 气排球运动概述 ·· 1
  第一节 气排球运动起源 ·· 1
  第二节 气排球运动的发展 ·· 2
  第三节 气排球运动特点与功能 ·· 6
  第四节 气排球比赛方法 ·· 9

第二章 气排球基本技术 ·· 10
  第一节 气排球技术的概念与分类 ··· 10
  第二节 准备姿势与移动 ·· 11
  第三节 发球 ·· 16
  第四节 防守击球 ·· 25
  第五节 传击球 ··· 33
  第六节 扣球 ·· 40
  第七节 拦网 ·· 50

第三章 气排球基本战术 ·· 55
  第一节 气排球战术的基本理论 ·· 55
  第二节 气排球阵容配备、交换位置和信号联系 ································· 57
  第三节 气排球个人战术 ·· 60
  第四节 气排球集体战术 ·· 63
  第五节 气排球战术系统 ·· 81
  第六节 气排球战术教学与训练 ·· 82

第四章 气排球竞赛组织与临场裁判工作 ·· 91
　第一节 气排球竞赛的组织工作 ··· 91
　第二节 气排球比赛竞赛制度 ··· 93
　第三节 气排球裁判员的职责与临场工作 ······································ 102

参考文献 ·· 106

气排球竞赛规则（2017—2020） ·· 107

第一章

气排球运动概述

第一节　气排球运动起源

　　气排球运动由排球运动衍生而来，是一项由中国人发明的集运动、休闲、娱乐于一体的群众性体育项目，目前这项新兴的体育运动开始受到人们的青睐，积极参与的人也越来越多（参见图1.1）。与很多运动项目起源于欧美不同，气排球运动起源于我国，用老百姓的话说，"气排球"是土生土长的"中国项目"。气排球运动兴起于20世纪80年代，它的起源有两种说法：一种是呼和浩特铁路系统起源说，另一种为广西钦州起源说。到目前为止绝大多数人认同前者，这是因为呼和浩特铁路系统不仅较早参与气排球运动，且率先参照室内竞技排球的比赛规则编制了简单的气排球竞赛规则（室内竞技排球与气排球竞赛规则的主要差别见表1.1）。

图1.1　气排球比赛场景（5人制）

气排球

20世纪七八十年代,我国许多学校、机关、企事业单位在节假日组织娱乐、游戏活动,组织者用球网或一条限制绳(线)将两队分开,规定队员只准用嘴将气球吹至对方一边(其他规则类似排球)。这种游戏活动就是气排球运动的雏形。

到80年代初,此游戏还上了中央电视台的春节联欢晚会,受到大家欢迎。1984年,受此启发,呼和浩特铁路局集宁分局的离退休人员用气球开始在排球场上打着玩。他们一开始用的气球,球体较轻,此后经过不断摸索,更换不同球体,最后确定采用胶球体。这项运动慢慢地在该铁路局工会举办的活动中开展起来并受到大家的欢迎。后来他们又参考排球竞赛规则,制订了简单的气排球比赛规则,将气排球列为全局运动会的比赛项目之一。

表1.1 气排球与室内排球对比

项 目	气排球	室内排球
球重	100~150克	200~300克
球圆周	79~85厘米	64~67厘米
场地	长12米,宽6米	长18米,宽9米
球的颜色	黄色(多种颜色组合)	白色或彩色组合
网高	男子网高2.1米,女子网高1.9米(男女混合制为2米)	男子网高2.43米,女子网高2.24米
上场人数	5人(前3后2)或4人(前2后2)	6人(前3后3)
进攻限制	所有队员高压式进攻必须在限制线后起跳	后排队员高压式进攻必须在限制线后起跳
轮转形式	本队得一分轮转一次	本队重新得发球权轮转一次
局分	3局2胜;前2局21分,决胜局15分,赢对方2分以上	5局3胜;前4局25分,决胜局15分,赢对方2分以上
换人暂停	每局最多换5(或4)人次;2次请求暂停(没有技术暂停)	每局最多换6人次;2次请求暂停,2次技术暂停

第二节 气排球运动的发展

1989年9月,呼和浩特铁路局举办第四届全局老年人运动会,中国火车头老年人体育协会(以下简称"中国火车头老年体协")第一副主席韩统武到会并观看了气排球比赛。他认为这是一项适合老年人参加的运动项目,可以在全国铁路系统推广。

1991年6月，中国火车头老年体协第三次会议召开，呼和浩特铁路局气排球代表队向代表们作了介绍性表演。与会者观后反应热烈，并一致认为应进一步完善比赛规则，使之成为一项能在全局推广的正式群体竞赛项目，让更多的铁路系统的老年人通过参与这项运动达到健身的目的。

1991年10月，中国火车头老年体协派出了气排球运动考察小组，到呼和浩特进行实地考察，并根据排球比赛规则编写了我国第一本《气排球竞赛规则》，与此同时，还在上海定制了比赛专用的气排球。《气排球竞赛规则》和比赛专用球的诞生，标志着气排球运动已初具雏形，并有了一定的社会影响力。1992年2月，《气排球竞赛规则》印发到全国铁路系统各级老年体协；同年3月17日至19日，在石家庄市举办了第一期全国铁路系统气排球学习班，来自全国铁路系统的学员学习了解气排球的比赛规则和技战术的培训和应用，为全国铁路系统开展此项运动培养了第一批教练员和裁判员，为我国气排球运动的发展奠定了基础。

为了更好地宣传和推广气排球运动，1992年11月10日至15日，武汉市举办首届全国铁路系统老年人气排球比赛，有7支男队和6支女队参赛。这是我国历史上第一次全国铁路系统气排球比赛。虽然各队的水平不高，但这项既可锻炼身体又具娱乐功能的运动深受广大铁路系统离退休人员及观众的喜爱和欢迎，一些铁路系统的离退休教师还提出应在中小学开展和推广此项运动。至此，气排球比赛规则初步确立，气排球运动在我国也正式开展起来。

中国铁路系统在制定统一规则、统一用球标准并举办了一次"实验"比赛之后，1993年3月4日，中国火车头老年人气排球协会在北京成立。会议通过了协会章程，选举出了组织机构，产生了常务委员会和常委会工作组成员。中国第一个气排球协会的成立，为这项"土生土长"的运动项目的发展提供了强有力的组织保证。在此基础上，铁路系统及其他系统的老年体协为发展气排球运动做了许多工作：有的单位举办气排球训练班，培养教练员，之后让他们回本单位开展宣传推广工作；呼和浩特、北京、济南、郑州、兰州、成都、柳州等地的铁路局还举办了气排球比赛；在呼和浩特、兰州、郑州等铁路局举办的老年人运动会上，气排球已成为固定的比赛项目。以上这些工作的开展有力地推动了气排球运动的发展。

1993年7月，全国铁路系统第二届老年人气排球赛分别在黑龙江的齐齐哈尔和辽宁的锦州举行，各分会均派出了气排球代表队，这届的气排球运动水平也较第一届有了显著提高。从此，一年一度的老年人气排球比赛在全国铁路系统展开且影响越来越大。1994年10月末至11月初，全国铁路系统第三届老年人气排球赛分别在山东济南和安徽蚌埠举行。这次比赛除八个大的分区的代表队外，女子组还增加了承办单位的代表队，各队水平均有较大进步，个别队还可以组织起比较灵活的战术进攻。此外，中国火车头老年体协还特地邀请北京体育大学排球教研室主任黄辅周教

授到场指导，并根据赛场情况对比赛规则做了进一步的修改和完善。

1995年，国际奥委会主席萨马兰奇先生在天津观看世乒赛后，到北京了解群众体育活动情况，其间观看了中国铁路局和中国铁道科学研究院的气排球比赛。这场排球比赛引起了萨马兰奇主席极大的兴趣，他对这项新兴运动给予很高的评价："气排球运动很好，既适合老年人，也适合中年和青少年。"这一消息经媒体报道后，进一步加快了气排球运动的推广进程，也大大提高了气排球运动的知名度。

2003年11月，浙江省丽水市举办了华东地区首届老年人气排球邀请赛，这是第一次由非铁路系统承办的较大规模的气排球比赛，它标志着气排球运动的推广和普及取得了实质性的进展——气排球运动已不再局限于铁路系统，正逐渐向华东乃至全国推广。在成功举办这次比赛的基础上，丽水市又于2004年10月举办了全国首届老年人气排球比赛，这使得气排球运动的影响力在全国进一步提升。2005年7月，中国老年人体育协会制定了《老年气排球竞赛规则》，2015年又组织相关专家编写了教材——《中国气排球》，进一步规范和指导气排球运动的开展。2017年，国家体育总局排球管理中心委托排球专家修订了《气排球竞赛规则》（本书后附此规则）。

近年来气排球运动开展得轰轰烈烈，参与活动的人群年龄越来越低（图1.2）。目前，我国许多城市都成立了气排球协会、气排球俱乐部等气排球组织，初步形成了有组织的气排球管理运行机制。活动的形式主要是自发参与和相关部门统一组织相结合，不同城市各俱乐部之间不断举办联赛，各种规模、类型的赛事层出不穷。很多的行业系统已经把气排球比赛当成一个常规赛事，比赛规模越来越大。我国广西是气排球运动开展得最好的地区之一，从省直机关到各地市，乃至乡村、企事业单位，组织举办各级各类气排球比赛，参赛队伍不到百支只能算做小型气排球比赛了。另外，我国江西、福建、湖南以及华东各省市的气排球运动，也开展得非常好——参赛队伍越来越多，比赛的技、战术水平逐年提高，影响力也越来越大。20世纪90年代末，气排球传入广东，首先在广东省国资委管辖下的国企中开始流行，中国移动、联通、电信及邮政的广东分公司每年都有固定联赛，这些大型国企每次比赛的参赛队伍都多达上百支。目前广东省特别是珠江三角洲地区包括广州、深圳、东莞、佛山、珠海、肇庆、中山在内的企业、机关和事业单位的气排球运动开展得如火如荼。这些企事业单位也将气排球运动的推广普及当成单位团建和企业文化建设的重要内容。为了帮助广东省内的中小学更好地开展气排球运动，作为华南地区体育教师重要培养基地的广州体育学院在全学院增加了气排球选修课，并在排球课程的专修课中，安排一定的课时让学生学习气排球运动的知识技能。广东省的一些中小学校也将气排球引入体育课程中，受到广大同学的欢迎。东莞市更是大胆地将气排球运动列为中考选考内容之一。这无疑会对气排球运动的发展起到良好的促进作用。

在竞技气排球运动方面，2010年，福建省率先把气排球比赛列入省运会项目，对气排球竞技运动的开展起到了很好的推动作用。目前，福建与广东的气排球界与香港、澳门的气排球爱好者一直保持着良好的联谊关系；由福建省体育局承办的海峡两岸气排球比赛也成了每年常规的赛事；广西则采用"走出去，请进来"的办法，将广西的气排球项目推广到了台湾莲花县。这些都为气排球运动的发展打下了良好的基础。

图1.2 气排球运动的参与者年龄越来越低（5人参赛制）

气排球运动的活动群体由最初的老年人发展到今天的各个群体，其发展前景是非常喜人的。2007年6月至10月，广西举办了首届城乡万人气排球比赛，共有8951支队伍89510名运动员参加比赛。2010年，福建省排球协会主办福建省气排球公开赛，主要参与者是25~59岁年龄段的人，共90多支队伍参赛。2012年，国家体育总局在福建省南平市举办第一届全国气排球公开赛，参赛队伍数十支。2013年，由中国排球协会审定的《气排球竞赛规则》正式出版。2015年，相关部门明确规范正规比赛用球，标志着气排球运动向着常态化、正规化的方向发展。2016年底，全国气排球社会体育指导员培训班在武汉体育学院开班，原准备培训100人，结果来了200余人，其中有一半是自费来参加培训的社会人士；而同时期举办的全国竞技排球社会指导员与初级教练员培训班，来参加的人数都很难达到预期，这也侧面反映出广大人民群众对气排球运动的热爱程度。另外，近年来国家体育总局排球管理中心已经渐渐感受到气排球发展的前景，在其多次建议争取下，气排球运动在2017年第十三届全运会上被列为正式比赛项目，这无疑大大促进了气排球运动的发展。

第三节　气排球运动特点与功能

一　气排球运动特点

气排球运动在2017年被列为天津全运会项目，引起了各省市自治区相关部门对该项运动的重视，一些偏远的省份也组织了较大规模的选拔赛，积极参加全运会的竞争。全国竞技体育组织开始越来越重视气排球运动。当然，这和气排球自身的特点也有较大的相关性。

（一）易学，易玩

气排球重量轻、体积大、球体柔软、反弹力大，球的飞行速度慢、易控制。基本动作和规则与室内排球相比更容易掌握，它较少受参与者性别、年龄、体质和技术水平的限制，即使是没有室内排球基础的人同样可以参加活动，享受运动带来的乐趣。

（二）场地要求不高

气排球竞赛场地和羽毛球场地很相似，不用重新画线，将羽毛球场地的球网略加调整（可利用简单的支架）即可进行气排球训练或比赛。我国是羽毛球大国，羽毛球场到处可见，这种场地利用优势是非常明显的。

（三）健身价值较高

气排球之所以深受群众喜爱，关键是其比赛简单易行。气排球比赛时长一般为30～40分钟，运动量适宜，适合各种年龄层次的人参与。在比赛时，可以调动身体各个系统参与活动，从而大大增强自身的体质。有些气排球活动参与者原先患有诸如颈椎增生、神经衰弱之类的疾患，参加气排球运动后，这些症状大都得到较大程度的缓解甚至基本消失。

（四）观赏性和趣味性强

气排球活动对于入门参与者的技、战术水平要求不高，即使是从未参与过该活动的人，也能很容易加入到气排球的竞技性比赛中（其非正规动作较多）。气排球比赛和室内排球比赛一样隔网进行，双方身体接触少，不易受伤，比较适合人们娱乐和休闲。同时，气排球弹性较好，重量轻，飞行速度较慢，不易落地，比赛中的来回球较多，增强了对抗性和观赏性。在气排球比赛中常常出现在室内排球比赛中不易出现的击球手法和变化，令人耳目一新。例如，人们在竞赛中经常可以看到队员用捧、搓等动作轻易地化解了对手的大力跳发球和大力扣球。由于气排球运动的竞技性成分可多可少，这样也可以让参与者和观众带着比较放松的心情对待比赛，在这种心理状态下，比赛更容易出现一些精彩场面，从而让大家更深切地感受到运动的乐趣。

（五）技术既趋同竞技排球又具有独特性

在气排球比赛中，队员必须掌握比赛的各项技术。随着在场上位置的轮转，每个队员都要参与防守和进攻，场上4~5名队员处于全攻全守状态。这使得气排球技术上有些趋同于竞技排球，如步法移动，传、扣、发、搓等技术。气排球由于具有重量轻、圆周大，比赛场区小，球网低等特点，使得它又发展出与室内排球不同的特色技术。气排球规则规定，所有运动员在离中线2米外才能进行下压式的进攻性击球，所以，比赛中比较有威胁性的击球大多是远网扣球，完成起来有较大的难度。在水平较高的比赛中几乎是每球必扣，每球必拦，攻防转换快，来回球多，技术含量较高。在比赛中，有些已有室内排球基础的队员由于受原有技术概念的影响，在短时间内还不如没有排球基础的人更容易适应气排球的动作要领和规则，这种不适应尤其表现在气排球的防守动作技术与比赛规则方面。气排球在防守击球上和竞技排球有较大区别，如气排球中如果还是一味采用传统的垫球而不用"搓""托"等技术就很难应对对方的大力发球和扣球。气排球比赛需要参与者心态平稳，技术全面，充分发挥整体配合优势，采用合理的技、战术，扬长避短，才能获得胜利，这些与竞技排球有许多相同之处。

（六）亲和性强

气排球球体柔软、弹性好，球网低，比赛场地较小，运动量适中，参与者无须担心打球导致手指挫伤、手臂疼痛、体力不支等问题，特别适合广大青少年学生参与到这项运动中来。气排球运动对参与者的年龄没有明显的限制，各年龄阶段的群体均可参与该活动，有助于群体之间的沟通和交流。气排球运动是一项具有较强亲和性的运动项目。

三 气排球运动的功能

（一）强身健体功能

气排球运动和其他体育运动一样，具有强身健体功能，既可以作为休闲活动，又可以组织竞技比赛，人人都能参与。经常参加气排球运动，能改善人体中枢神经系统和内脏器官的功能状况，提高身体素质和运动能力，达到较好的强身健体的

目的。

（二）休闲娱乐功能

气排球运动之所以发展得较好较快，其中一个重要原因是其易学、易玩。该运动休闲娱乐性较强，参与者在比赛中能体验到极大的乐趣。

（三）提高心理素质功能

经常参加气排球比赛的人，能够学到很多控制情绪和调节心理的手段方法。例如，连续失误时不急躁、不灰心，使自己尽快冷静下来，逐渐减少失误；比分落后时不气馁，沉着应对，找到对方弱点，奋起直追；等等。这些场景可以帮助参与者不断提高心理素质。

（四）提高判断应变能力功能

在气排球比赛中，参与者具有预见性的、准确的判断并及时拿出应对措施，已成为制胜的重要因素之一。场上形势瞬息万变，参与者要眼观六路，耳听八方，通过察觉对方和同伴的动作、击球的声音、位置场上的布局等，预测将要发生的事情而迅速做出决策。因此，运动员在比赛中必须不断观察，准确理解同伴的意图，才能默契合作，这对提高人的判断应变能力具有很好的促进作用。

（五）提高团队协作功能

气排球运动是一个集体项目，队员要有良好的团队协作和配合意识。从接发球开始，就要尽可能一传到位，给二传组织进攻创造最佳条件。二传则要努力避开对方拦网，将球分配到进攻队员最舒服的位置。而执行最后一击的队员，则要全力以赴，突破对方拦防，争取得分，因为只有得分才是对负责一传、二传的同伴最好的回报和鼓励。因此，气排球比赛中的每一次击球，都包含着对团队负责的理念，体现团队的协作意识。

（六）对竞技排球后备人才培养的正向迁移功能

气排球很容易在中小学推广，一旦学生掌握基本的气排球技、战术，并能组织比赛，他们会很快被这项运动所吸引。这种兴趣会对他们今后从事竞技排球运动转移有所帮助，自然也有助于竞技排球后备人才的培养。当年许多美国沙滩排球运动员转为竞技排球后，强烈地刺激了美国竞技排球的发展，并很快助其登上世界排坛的顶峰。

第四节　气排球比赛方法

气排球比赛时由两支人数（4～5人）相等的球队（既可性别相同，也可男女组合，一般在竞赛规程中会加以说明），在被球网隔开的两个均等的场区内（羽毛球场），根据比赛规则以身体的任何部位将球从网上击入对方场区，而使其不在本方场区内落地的集体攻防对抗的体育项目（图1.3）。

基本方法是先由一名队员在发球区内用一只手或手臂将球直接击过球网，每方最多击球3次使球过网（拦网不算击球一次），不得持球。一名队员不能连续击球两次。比赛不间断地进行，直至球落地、出界或某队犯规。

气排球采用每球得分制，发球队胜一球后，该队由下一位置队员继续发球。接发球队胜一球后，按预先登记的发球顺序，轮转后由下一名队员发球。发球队胜一球得1分，接发球队胜一球得发球权同时得1分。比赛采用三局两胜制：第一、二局先得21分同时超过对方2分为胜一局；当比分为20∶20时，比赛继续进行至某队领先2分（22∶20、23∶21……）为胜一局；决胜局时，先得15分同时超过对方2分的队获胜。

图1.3　广东省高校气排球比赛现场

第二章 气排球基本技术

第一节 气排球技术的概念与分类

一 气排球技术的概念

气排球技术是指运动员在比赛规则允许的条件下采用的各种合理击球动作和配合动作的总称。

气排球的技能打法很接近室内六人排球,室内六人排球的各种技术动作大都适用于气排球,但由于气排球的球体特点和规则与室内六人排球有区别,因此,气排球在不断摸索中也出现了一些具有自身特色的技术动作(主要集中在防守性和传击性击球上),如"捧""托""插托"等动作。这些新技术的出现较好地解决了竞技排球中初学者在一传、防守、组织进攻时失误较多,或导致竞赛中出现过多中断的弊端,从而提高参赛者的积极性。

二 气排球技术的分类

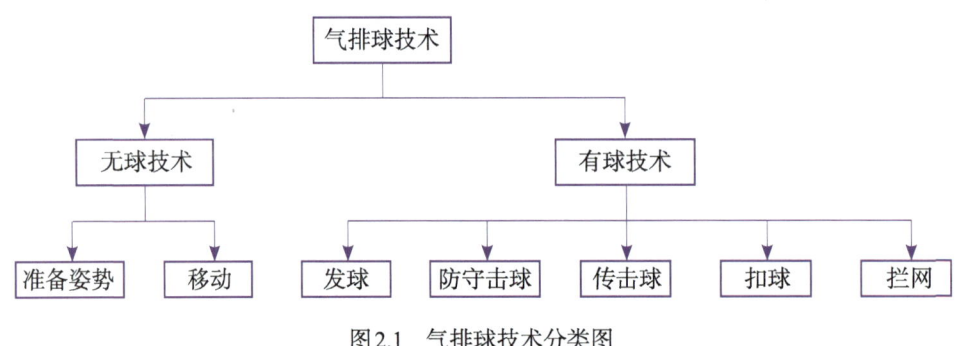

图2.1 气排球技术分类图

气排球技术可分为无球技术和有球技术(图2.1)。无球技术包括准备姿势与移动;有球技术包括发球、防守击球、传击球、扣球、拦网等。

（一）无球技术

无球技术的准备姿势与移动和竞技排球技术几乎无差别。

1. 准备姿势

按身体重心的高低，准备姿势可分为三种：高（稍蹲）、中（半蹲）、低（低蹲）。

2. 移动

移动技术包括并步与滑步、跨步与跨跳步、交叉步、跑步（进、退）。

（二）有球技术

有球技术气排球主要在防守击球和传击球上和竞技排球技术差异较大。

1. 发球

发球技术按动作方法可以分为正面下手发球、侧面下手发球、正面上手大力发球、正面上手飘球、勾手大力发球、跳发球（跳发大力发球、跳发飘球）。

2. 防守击球

防守击球技术按动作方法可以分为正面双手小臂垫球、双手插托球、托抱球、捧球、背向双手小臂垫球、单手托球。

3. 传击球

（1）传击球技术按动作方法可以分为双手传球、双手托与插托传球、单手传球；

（2）传击球技术按传球方向可以分为正面传球、侧面传球、背面传球；

（3）传击球技术按有无支撑可以分为原地传球、跳传球。

4. 扣球

气排球的扣球技术主要包括双脚起跳正面扣球、冲跳扣球、勾手扣球和单脚起跳扣球。

5. 拦网

拦网有单人拦网、集体拦网。

第二节　准备姿势与移动

一　准备姿势

准备姿势是为了便于完成各种气排球技术动作而采取的合理的身体基本姿势。一般来说，按照身体重心的高低，准备姿势可分半蹲准备姿势、稍蹲准备姿势和低（深）蹲准备姿势三种。

（一）半蹲准备姿势

技术动作方法：两脚左右开立，稍比肩宽，一脚稍前，两脚尖稍内收，脚跟稍提起。膝关节保持一定的弯曲，膝关节的投影在脚尖前面（屈膝提踵）。上体前倾，重心靠前。两臂放松自然弯曲，双手置于胸腹前（含胸收腹、双手体前）。全身肌肉适当放松，两眼注视来球，两脚始终保持微动状态（图2.2）。

（二）稍蹲准备姿势

稍蹲准备姿势比半蹲准备姿势重心稍高，膝关节角度打开要大些，动作方法相同（图2.3）。

图2.2　半蹲准备姿势　　　　　　　　　图2.3　稍蹲准备姿势

（三）低蹲准备姿势

低蹲准备姿势比半蹲准备姿势的身体重心更低、更靠前，两脚左右、前后的距离更宽一些，膝部弯曲程度更大一些，膝关节角度接近90°；肩部投影过膝，膝部投影过脚尖，手置于胸腹之间（图2.4）。

图2.4　低蹲准备姿势

三 移动

移动的环节：气排球运动员从起动到制动的过程为移动。移动的目的主要是及时接近球，保持好人与球的最佳位置关系，以方便击球。迅速的移动可占据场上的有利位置，争取时间和空间。队员能否及时移动到位，直接影响着技、战术的运用质量。移动由起动、移动步法和制动三个环节组成。

移动的主要步法包括以下几种：

（一）并步与滑步

并步时如果身体向左移动，则右脚蹬地，左脚向左跨出一步，右脚迅速跟上做好击球准备（图2.5）。连续并步就是滑步。

图2.5　并步与滑步

（二）跨步与跨跳步

如向前移动，则后腿用力蹬地，前脚向来球方向跨出一大步，膝部弯曲，上体前倾，身体重心移至前腿上（图2.6）。跨步过程中有跳跃腾空——前脚落地，后肢迅速跟进，形成稳定的准备姿势，即为跨跳步。

图 2.6　跨步

（三）交叉步

交叉步指侧向移动时两脚有交叉的移动步法。以向左为例，上体稍向左转，右脚从左脚前面向左交叉迈出一步，然后左脚再向左跨出一大步，同时身体转向来球方向，保持击球前的准备姿势（图2.7）；也可一脚先后撤一步，然后另一脚进行交叉步移动。

图 2.7　交叉步

（四）跑步（后退步）

跑步（后退步）时两臂要配合摆动，如球在侧方或后方时应边转身边跑或直接后退。

（五）综合步

以上各种步法的有机组合运用。

三 准备姿势和移动教学与练习方法

（一）教学顺序

首先学习最基本的半蹲准备姿势，然后学习稍蹲和低蹲准备姿势。按照并步、跨步和交叉步的顺序学习移动，同时介绍滑步、跑步（后退步）和综合步法。准备姿势和移动的教学应同步进行。

（二）教学步骤

1. 准备姿势的教学步骤

（1）讲解：准备姿势的目的与作用；准备姿势的分类；半蹲准备姿势的动作方法；稍蹲准备姿势、半蹲准备姿势和低蹲准备姿势的异同点。

（2）示范：边讲解边示范。示范时，既要做正面示范，也要做侧面示范。

（3）组织练习：先原地做，再过渡到重心移动中。

（4）纠正错误动作，然后再练习。

2. 移动的教学步骤

（1）讲解：移动的目的与作用；移动与准备姿势的关系；移动步法的种类及其在比赛中的应用时机；各种移动步法的动作方法。

（2）示范：边讲解边示范。示范时，既要做正面示范，也要做侧面示范。

（3）组织练习：徒手练习，结合或借助球练习，结合其他基本技术的练习。

（4）纠正错误动作，然后再练习。

（三）练习方法

1. 准备姿势的练习方法

成两列横队（体操队形），在教师指导下做各种准备姿势（可以面对面）。两人一组，一人做准备姿势，另一人纠正其错误动作。两人交换进行。原地跑步，在跑的过程中根据教师的手势、口令、哨音或其他信号做出不同的准备姿势。

2.移动的练习方法

(1)徒手练习。

成半蹲准备姿势,根据教师口令和手势做各种步法和各种方向的移动。两人一组相对站立,一人跟随另一人做同方向的移动。

以滑步和交叉步进行3米往返移动,手触及两侧线。

从端线起以教师规定的步法进6米,退6米,如此连续往返行进到场地的另一端。

(2)结合球的练习。

两人一组,相距2米,各持一球,两人同时把球滚向对方体侧2米左右处,移动后接住再滚给对方,如此往复进行。

两人一组,一人持球向不同方向抛出2~3米,另一人移动中用双手在额前或胸前接住球。

成纵队立于网前,依次接教师抛向场地不同方向及不同弧度的球。

(3)结合其他技术的练习。

结合准备姿势练习;结合传、垫等技术的移动练习。

(四)准备姿势和移动易犯错误及纠正方法

1.准备姿势易犯错误及纠正方法

(1)臀部后坐。纠正方法:讲清重心靠前的道理,使双膝投影超过脚尖。

(2)直腿弯腰。纠正方法:强调不同准备姿势时,膝关节和上体与地面的正确角度。

2.移动过程中易犯错误及纠正方法

(1)臀部后坐。纠正方法:讲清移动中重心靠前的道理,使双膝投影超过脚尖。

(2)移动时重心起伏过大。纠正方法:讲清道理,多做穿过教师举起一定高度的限制杆的往返移动。

(3)启动制动慢。纠正方法:多做起动辅助练习,如各种姿势下的起跑。多做相关制动练习,特别注重制动时脚落地的角度和力度。

第三节 发球

发球是气排球基本技术之一,也是气排球比赛中一项重要的进攻技术。发球是1号位队员在发球区内自己抛球后,用一只手(或手臂)将球直接击入对方场区的一种击球方法。发球是气排球技术中唯一不受他人制约的技术。

发球是比赛的开始,也是进攻的开始。发球按照发出球的性能主要可分为发飘球和发旋转球。发飘球主要有正面上手发飘球、勾手发飘球和跳发飘球；发旋转球主要有正面上手发球、勾手大力发球、跳发球（要在跳发球的限制线后起跳）、下手发球 主要有正面下手发球、侧面下手发球。

■ 一 主要发球技术

（一）正面上手发球

技术动作方法：队员面对球网，两脚前后自然开立，左脚在前，左手持球于身前，用抬臂和手掌的平托上送，将球平稳地垂直抛于右肩前上方，高度适中。在左手抛球的同时，右臂抬起，曲肘后引，肘与肩平，上体稍向右转。击球时，利用蹬地、转体和收腹带动手臂挥动，在右肩前上方伸直手臂的最高点，以全手掌勺状包球击球的中下部。击球时，手指自然张开与球吻合，手腕迅速主动做推压动作，使击出的球呈上旋飞行（图2.8）。当然，也可以用右手抛球，或者双手抛球。为了加强发球的力量和攻击性，许多运动员还采用走一步、两步或多步的正面上手发球。

图2.8　正面上手发球

（二）正面上手发飘球

正面上手发飘球是采用正面上手的形式，使发出球不旋转、不规则地飘晃飞行的一种发球方法。有重飘、轻飘、远飘、下沉飘等。由于面对球网，便于观察对方接发球情况而被广泛采用。

技术动作方法：准备姿势同正面上手发球，但抛球比正面上手发球稍低、稍靠前。抛球的同时，右臂屈肘后引（抽球引臂一致性更强），上体稍后仰。击球前，臂自后向前做直线挥动（靠腰腹发力形成鞭打动作）。击球时，五指并拢紧张，手腕稍后仰拉紧，用掌根和手指形成平面击球的中下部，作用力通过球体重心。击球的瞬间，手指、手腕紧张，不加推压动作，手臂挥动短促击球并有突停动作。击球发力突然、快速而短促（图2.9）。

图2.9　正面上手发飘球

（三）勾手发飘球

勾手发飘球简称勾手飘球、勾飘。"勾手"指手臂侧向大回转挥动。勾手发飘球是侧对球网站立，利用勾手的形式，使发出的球不旋转、不规则地飘晃飞行的一种发球方法。由于这种发球方法能较多地借助下肢和腰部力量，所以既适合近距离发球，也适合远距离发球。

技术动作方法：身体侧面对网，两脚自然开立，左手持球于胸前，将球平稳地抛在左肩前上方约一臂之高处。击球时，右脚蹬地，上体略向左转动发力，带动手臂挥动。挥动时手臂伸直，在右肩的左上方，用掌根击球的中下部。在击球前，突然加速直线挥臂，手的挥动轨迹保持一段直线运动，击球瞬间，五指并拢，手腕后仰并保持紧张，手臂挥动作用力通过球心短促击球并有突停动作（图2.10）。

图2.10　勾手发飘球

 气排球

(四) 勾手大力发球

勾手大力发球是指采用勾手的形式,充分运用全身的爆发力,发出力量大、速度快、弧度低、旋转强、落点多的球。勾手大力发球由于和扣球用力方式不一样,不会消损过多扣球的上肢关节,目前被气排球爱好者广泛采用。

技术动作方法:身体侧向对网,两脚自然开立,左手持球于胸前;将球平抛在左肩前上方约一臂高度。抛球的同时,两腿弯曲,上体顺势向右倾斜,并稍向右转,右臂随之向右侧后方摆动,身体重心移向击球臂同侧的支撑脚上。击球时,利用右脚蹬地、转体动作发力,带动右臂做直臂弧形挥动,同时身体重心由右脚移至左脚。手臂在伸直的最高点,在右肩的前上方以全手掌击球的中下部。击球时手指自然张开与球吻合(勺状),手指手腕主动做推压动作(屈腕),使球产生强烈上旋快速飞行(图2.11)。

图2.11 勾手大力发球

(五)跳发球

跳发球是为了加强发球的攻击性,运动员采用助跑起跳的方式(发球限制线后起跳),在空中将球直接击入对方场区的发球方法。跳发球也有跳发飘球,但主要是指跳发上旋球,这种发球力量大、旋转强、速度快,易得分和破坏对方的一传。目前这项发球技术也被高水平球队广泛采用。

技术动作方法:队员面对球网,站在距端线2~4米处,利用单手或双手将球抛在前上方,一般离地面高4~6米,随着抛球离手向前助跑跳起(发球限制线后起跳)。起跳时,两臂要协调摆动,摆幅要大。击球时利用收腹和转体动作带动手臂挥动(腰腹发力,形成鞭打动作)。击球点保持在右肩前上方,手臂伸直,利用全手掌击球的中下部,并加推压动作,使球呈上旋飞行。击球后,双膝缓冲,双脚落地,迅速入场(图2.12)。

图2.12　跳发球

(六)正面下手发球

正面下手发球动作简单,最适合初学者学习和运用,许多中老年初学者和女同志开始玩气排球时喜爱用此发球技术。

技术动作方法：面对球网，两脚前后开立，左脚在前，两膝微屈。上身稍前倾，重心偏后脚。左手持球于腹前，将球抛起在体前右侧，离手高约20厘米，在抛球的同时，右臂伸直以肩为轴向后摆动，借右腿蹬地的力量，身体重心随着右手向前摆动击球而移至前脚。在腹前以全手掌、掌根或虎口击球的后下方（图2.13）。

图2.13　正面下手发球

（七）侧面下手发球

侧面下手发球是侧对球网站立的一种下手发球方法。由于其简单，因此也适合初学者学习和运用。

技术动作方法：队员左肩对网，两脚左右开立，约与肩同宽，两膝微屈，上体稍前倾，重心落在两脚间。左手将球平稳地抛送至体前稍偏右侧，距身体约一臂之远，离手高约20~30厘米。在抛球的同时，右臂摆至体侧后下方，利用右脚蹬地向左转体的力量，带动右臂向前上方摆动，在腹前用全手掌、掌根或虎口击球的中下方（图2.14）。

图2.14　侧面下手发球

三　发球教学与练习方法

（一）教学顺序

气排球发球技术动作的种类很多，动作难易程度差别也很大，教学时应根据教学对象的水平和性别来选择教学内容及确定教学的先后顺序。此外，穿插进行发旋转球和发飘球技术的教学，以便加深练习者对发旋转球和发飘球技术动作的理解。学习顺序一般从下手发球到上手发球，再到勾手发球，最后学习跳发球。

（二）教学步骤

1. 讲解

讲解的内容包括发球在比赛中的地位与作用；发球的动作方法；抛球、击球、手法、力度等要素。建议在学扣球前先学习下手、上手、勾手发球，学会扣球后再学跳发球。

2. 示范

先做完整的发球动作示范，然后边讲解边做分解动作的示范，再做完整动作的示范。

3. 组织练习

徒手练习，结合球练习（由近到远距离），结合球网练习，结合战术练习。

4. 纠正错误动作

在练习中要注意随时纠正练习者的错误动作（主要从抛球、击球点、手法、力度方面来纠正），示范正确的动作。

（三）练习方法

1. 徒手练习

徒手抛球练习。

徒手模仿发球，包括抛球、引臂、挥臂、击球等完整的连续动作（鞭打动作、勾手完整技术等）。

对固定目标做挥臂击球练习。

2. 结合球的练习

自抛练习，抛球的手法高度和位置应符合发球动作的要求。

结合抛球进行引臂和挥臂练习，解决抛球引臂与挥臂击球动作的配合。

近距离对墙发球练习，将抛球、挥臂、击球、用力等环节有机地衔接起来。

两人一组，相距3～6米左右练习发球。

3. 结合球网练习

近距离的隔网发球练习（3～8米）。

站在端线向对区发球。

站在端线左、中、右三个不同的位置向对区发球。

站在端线远、中、近不同距离发球。

4. 结合战术的发球练习

把场地分成若干个区，向指定区域内发球。

向接发球站位的空当发球。

向场地边、角处发球。

（四）气排球发球主要技术易犯错误及纠正方法

1. 正面上手发球

（1）击球点不准（过高、过低，偏左、偏右，偏前、偏后，这与发球者抛球手法与抛球稳定性有很大关系）。

纠正方法：在高度合适的位置悬挂一圆圈，使垂直上抛的球进入圈内。

（2）鞭打动作不协调。

纠正方法：上手抛羽毛球，反复练习鞭打击球动作。

（3）没有推压带腕。

纠正方法：对墙近距离发球，要求手包住球，屈腕推压，使球上旋。

2. 勾手大力发球

（1）击球点不准（过高、过低，偏左、偏右，偏前、偏后，这与发球者抛球手法和抛球稳定性有很大关系）。

纠正方法：在高度合适的位置悬挂一圆圈，使垂直上抛的球进入圈内。

（2）动作不协调。

纠正方法：反复对墙近距离徒手发球和有球发球。

（3）包压不住球。

纠正方法：恰当调整抛球位置。在正确抛球和挥臂击球时，强调击球手自然张开，放松推压。

3. 跳发球

（1）击球点不准（过高、过低，偏左、偏右，偏前、偏后，这与发球者抛球手法和抛球稳定性有很大关系）。

纠正方法：在高度合适的位置悬挂一圆圈，使垂直上抛的球进入圈内。注意抛出的球要适合自己的助跑起跳特点。

（2）动作不协调连贯。

纠正方法：在后场区向对方场区反复自抛自扣。

第四节　防守击球

防守击球是气排球的基本技术之一，在气排球比赛中占有重要地位。防守击球主要用于接发球、接扣球、接拦回球，也可以用于组织进攻。

垫球技术仍可以应用到气排球防守击球中。但由于气排球球体较大，重量较轻，球在空中飞行的速度较慢，特别容易受到气流的影响，重心点极其不稳定，需要通过加大击球面积来克服稳定性差的状况。在长期的实践过程中，气排球运动者们发明了"抱""捧""托"等技术动作，这些技术动作更易掌握，有效地解决了初学者防守击球时球体稳定性差的问题。

一　主要防守击球技术

（一）正面双手垫球

正面双手垫球是双手在腹前垫击来球的一种垫球方法，是各种垫球技术的基础，也是最基本的防守击球方法，适合于接各种发球、扣球和拦回球，在困难时也可以用来组织进攻。

技术动作方法：正面双手垫球的基本手型有叠掌式、抱拳式和互靠式（图2.15），无论采用哪种手型都应注意手腕下压，两臂外翻。正面双手垫球按来球力量大小可分为垫轻球、垫中等力量球和垫重球三种。

图2.15　正面双手垫球基本手型

采用半蹲准备姿势，当球飞来时，双手成垫球手型，手腕下压，两臂稍外翻形成一个平面，当球飞到腹前约一臂距离时，两臂夹紧前伸，插到球下，向前上方蹬地伸膝抬臂，迎击来球，利用腕关节以上10厘米左右处的桡骨内侧平面击球的后下部，身体重心随击球动作前移，击球点保持在腹前（图2.16）。当垫重球时手臂随球屈肘后撤，适当放松，以缓冲来球力量。在撤臂缓冲的同时，用小臂和手腕的微小动作控制垫球的方向和角度。

图2.16　正面双手垫球

（二）双手插托击球

双手插托击球是指面对来球在腰部以下空间高度接球的技术，一些气排球爱好者有时也用此技术处理位于头部左右的来球，类似传球，效果也不错。其明显特征是：一手掌心朝上，五指朝前，另一只手掌心朝前，五指朝侧，两手在球的后下方形成一个与球相吻合的半球弧形。用于接发球和接各种攻击过网的球，它是气排球运动特有的一项技术动作（图2.17）。

技术动作方法：以左手下、右手上为例。面对来球，两脚开列与肩同宽，根据来球的速度和力量，呈半蹲或稍蹲姿势站立。当来球接近身体前面时，开始蹬地、伸膝、手指张开，从腹前迎球（全身各部位动作应协调一致）。双手形成一个与球体相吻合的半球弧形，左手在球下，我们称之为托球手；右手在球后，我们称之为护球手。触球时，两肘弯曲，托球手五指分开，掌心朝前上且手指朝前呈勺形（手心空出不触球），用手指、指根触及球的后下部；护球手五指分开，掌心朝向来球的方向且手指朝侧呈勺形，手指触球的后方。当手和球即将接触前，手腕和手指要有顺势向下的缓冲动作。击球时，托球手手掌、手指给球体以撩拨动作，手掌和手指用力从球体重心的后下方通过，使球在向前上方抛起的同时产生上旋。护球手同时翻顶球的中后部，利用托、翻、抬的合力将球向前上方击出。

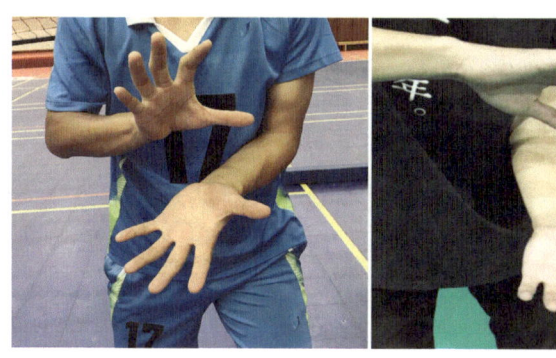

图2.17　双手插托击球

（三）托抱球

托抱球技术与棒球接球技术类似，是指将离身体较远的正面来球或低球接起的技术动作（图2.18）。它的明显特征是双手掌心相对，两无名指和小手指略向内伸，手腕自然下垂，五指自然张开，形成一个与气排球大小相吻合的半球弧形。

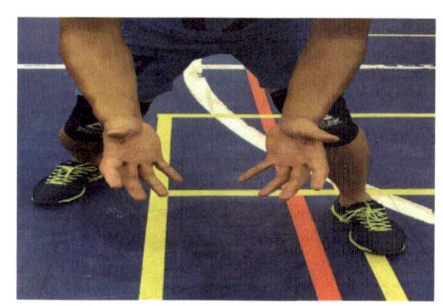

图2.18　托抱球

技术动作方法：两脚开列与肩同宽，半蹲或稍蹲姿势站立。当来球接近体前时，开始蹬地、伸膝、手指张开从腹前迎出（全身各部位动作应协调一致）。两肘弯曲，上臂与前臂夹角大于90°，双手位于腹前，两手掌心斜相对，两个大拇指的距离大于小拇指的距离，十指张开，呈半球弧形（立体），无名指和小指略内伸。以手指和指根部触击球，左手击球的左后下部，右手击球的右后下部。两手托住来球，靠手腕的抖动、手指的弹拨及抬臂的力量迅速将球击出。

（四）捧球

捧球主要是处理速度较快的来球。其明显的动作特征是双手掌心朝上，十指张开且朝前，双手形成一个大弧底形（图2.19）。

技术动作方法：呈半蹲或稍蹲姿势站立，两肘弯曲，上臂与前臂夹角为90°左右，分别位于腰部两侧。来球时，双手掌心向上，手指张开，十指朝前，形成大弧底形，手指、手腕与前臂基本形成一个平面。双手形成一个弧形（类似接住对面抛过来的重物的感觉），以全手掌触击球的下部。双手捧球击球时，靠手指、手腕与前臂上托的瞬间发力动作将球托击出，其动作幅度不宜过大，否则有持球嫌疑。

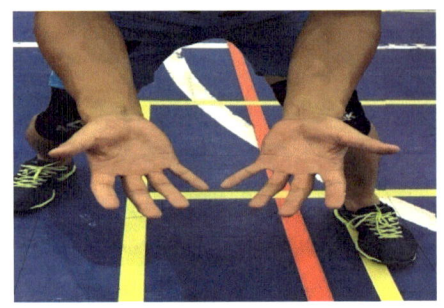

图2.19 捧球

（五）体侧垫球

体侧垫球简称侧垫，是在身体侧面垫球的一种垫球方法。防守垫球时，许多来球距垫球者有一定距离，光靠正面垫球有时接触不到来球，这时侧垫球就可以发挥作用了。特点是控制面宽，但较难把握垫击的方向、弧度和落点。

技术动作方法：以左侧垫球为例。右脚前脚掌内侧蹬地，左脚向左跨出一步，身体重心随即移至左脚，并保持左膝弯曲，两臂夹紧向侧伸出，左臂高于右臂，右臂向下倾斜，击球时向右转腰并收腹，两臂在体侧截击球的后下部（图2.20）。

右侧垫球动作一样但方向相反。

图2.20 体侧垫球

（六）背向双手垫球

背向双手垫球是指背对垫击目标，从身前向背后双手垫击球的击球方法（图2.21）。背向垫击球是在接应同伴救起球后，球飞得较远而又无法进行正面击球时运用较多。其特点是垫球一般都有跑动，垫击点较高，准确性稍差。

技术动作方法：背向垫击球时，要判断好来球的方向，快速移动到球的落点处，背对垫出球的方向,两臂夹紧伸直。击球时,用蹬地、抬头挺胸、展腹和上体后仰的动作带动两臂向后上方摆动抬送,以前臂触球的前下方,将球向后上方击出。背向垫击球的击球点一般应在肩前上方(图2.21)。

图2.21　背向双手垫球

(七)挡球

来球较高,速度较快,不便于用手臂垫击或上手传球时,用双手或单手在胸部以上挡击来球的击球动作,称之为挡球。双手挡球时,多用于挡击胸部以上、力量大、速度快的来球;单手挡球多用于来球较高、力量较轻、在头部上方或侧上方的来球。运用挡球可扩大控制范围,善于挡球的队员,防守时可前压,提高前区的防守效果。挡球可分为双手挡球和单手挡球两种。

(1)双手挡球:两手虎口交叉,两臂外侧朝前,合并成勺形。挡球时,手臂屈肘上举,肘部向前,手腕后仰,用双手手掌外侧和手掌掌根所组成的平面挡击球的后下部。击球瞬间手腕要紧张,用力适度(图2.22)。

(2)单手挡球:挡球时,手臂屈肘上举,肘部向前,手腕后仰,用手掌掌根或拳心平面击球的后下部,击球瞬间手腕要紧张。如球较高,还可跳起挡球(图2.23)。当来球较低来不及垫球时,可采用单手挡捞、捧等动作处理球,但不能让球停留时间过长。

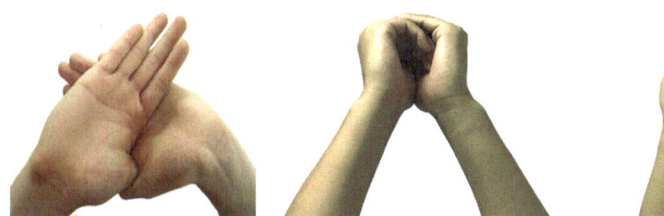

图2.22　双手挡球

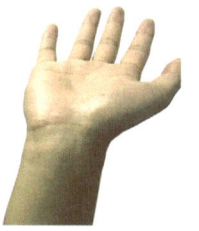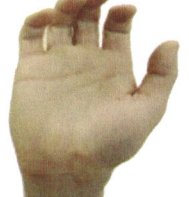

图2.23　单手挡球

（八）脚踢垫球技术

（1）脚背踢垫球。气排球和竞技排球一样可以用身体的任何部位触球，故脚踢球也是气排球技术之一。其动作方法是以一脚为支撑，另一脚迅速向来球方向伸去，利用伸大腿、摆小腿的动作，使脚背插入球下。击球时，利用小腿继续上摆、脚踝上挑的动作，以脚背上部触球的下部（或侧下部）将球踢垫起。脚背垫球后，若身体失去平衡，可采用侧倒坐地或后倒坐地等动作进行自我保护（图2.24）。

（2）脚内侧踢垫球。动作方法与脚背垫球相似，但在击球时，脚尖要上翘，脚踝紧张，以脚内侧部位踢垫球的后下部（图2.25）。

图2.24　脚背踢垫球

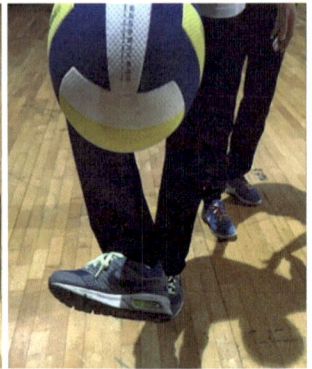

图2.25　脚内侧踢垫球

二　防守击球教学与训练

（一）教学训练顺序

防守击球技术种类多，运用广，因此教学中要根据学习者的具体情况和动作的结构难度，先易后难地安排教学。一般教学顺序是先学习原地正面防守击球技术，再学习移动防守击球和改变方向的防守击球，在此基础上再学习背向垫击球及其他部位的防守击球技术。一般顺序为先学垫、侧垫、背垫，再学捧、插托、托抱、挡、踢等技术。

在初步掌握正面垫球技术的基础上，可进行传、垫结合与串联的练习，在掌握移动垫球后，可进行接发球和接扣球的练习。

（二）教学训练步骤

1. 讲解与示范

（1）讲解：首先讲解防守击球技术在气排球比赛中的作用、技术特点和动作要领。重点讲解手型、击球部位、击球点、手臂角度及身体上下肢的协调用力动作。

（2）示范：先做完整动作示范，让学习者建立技术的完整动作概念，然后再进行分解示范，也可以边讲解边示范，正面与侧面示范要结合运用，加深印象。

2. 组织练习顺序

徒手练习→连续击固定球练习→对墙击球练习→两人互动防守击球练习→移动防守击球练习→接发球练习→接扣球练习→结合教学比赛及各种串联练习。

（三）练习方法

1. 徒手模仿练习

（1）手型练习：徒手模仿手型、臂型、脚型练习，教师及时检查并纠正错误动作。

（2）结合球的练习（包括固定球、轻球到逐渐加速来球的练习）。

（3）连续击球练习。

（4）对墙练习：学习者每人一球，距墙2米处连续对墙击球。要求击球手型、垫击点和击球部位正确，用力协调，控球能力强。

（5）两人一组击球互动练习。

2. 结合移动的垫球练习

（1）移动连续击球练习：每人一球，分别向左、右、前、后移动击球。要求学习者在移动防守性击球时低重心移动，正面垫球。

（2）2人或3人一组，一人抛球，另一人或两人轮流向左、右、前、后移动防守性击球。移动速度不宜太快，防守性击球要稍高，并控制好落点。防守者尽量做到正对击球方向击球。

（3）3人一组跑动击球或4人一组三角移动击球。要求击球人尽量移动到位，对正来球，把球准确击到位。

3. 结合接发球的击球练习

（1）2人一组，相距7~8米，先一掷一击练习，再过渡到一人下手发球或上手发

球,另一人接发球。要求接至假设的二传位置上。

（2）2人一组,相距9米,一发一垫;或3人一组,一人发球、两人轮流接发球。要求发球要稳,然后逐步拉长发球的距离,增加发球的难度。

（3）3人隔网或不隔网,一发一击一传练习。要求发球准,接发球者积极移动,把球击到传球队员的位置上,传球队员再将球传给发球人。

4. 结合接扣球、吊球的垫球练习

（1）2人一组,一扣一防练习。要求接扣球者做好防守准备姿势,开始练习时扣球要稳,随着防守者逐步适应,可逐步增大扣球的难度。

（2）3人一组,一扣一防一传练习。要求扣球队员扣、吊结合,防守队员相互配合,互相呼应,互相保护。

（3）轮流连续接扣球练习。由教师在网前扣球或在高台上隔网扣球,要求接扣球者在5号、6号、1号位连续进行接扣球练习。

（4）多进行各种踢挡球游戏。如多人的扣圈游戏、小足球游戏等。踢挡球的各种脚（手）法学习与练习。

（四）常犯错误与纠正方法

1. 正面垫球

（1）屈肘、两臂不平,击球部位不对。

纠正方法：模仿练习,垫固定球,自垫发力练习（强调腕关节下压）。

（2）移动慢、对不正球。

纠正方法：反复对墙对正连续练习。加强步伐的协调性、熟练性练习。

（3）没有蹬伸、抬臂动作,垫球时挺腹。

纠正方法：强调准备姿势的正确性,垫球重心向前上方移动和适当的抬臂是同步和协调的。垫固定球,体会用力和协调发力,或近距离垫抛来的低球和连续自垫低球。

（4）动作不协调,用力过猛,两臂摆动幅度过大。

纠正方法：小幅度抬臂协调垫球练习。强调抬臂不能过高（不过肩）。

2. 侧面垫球

（1）顺球。

纠正方法：改变手臂型,由平顺改为接立势截击。

（2）只有手臂移动,无重心变化。

纠正方法：反复对墙（抛球）进行侧垫练习。

3. 托抱球

没有形成正确的手型,手型不是弧形,触球部位不准确,两手发力不协调。

纠正方法：进一步示范、讲解,用托抱球动作接球,体会手型,近距离地对墙托抱球练习，体会手指触球方法。

4. 捧球

没有形成正确的手型，手型不是半球状，手指触球部位不准确。

纠正方法：进一步示范、讲解，用捧球动作接球，体会手型，体会手指触球方法。用不同速度击球，反复强化练习。

5. 插托球

没有形成正确的手型。

纠正方法：进一步示范、讲解，用插托球动作接球，体会手型，体会手指触球。用不同速度来球反复强化练习。

第五节　传击球

气排球中的传击球是协调全身力量并通过手指、手腕的弹力，将球传至一定目标（一般为扣球最佳击球点处）的击球动作。传击球是气排球的主要技术之一。在气排球活动与比赛中，传击球是气排球组织进攻的桥梁（纽带）技术，也是防守击球与扣球的枢纽技术。好的传击球技术可以有效地组织进攻以达到克敌制胜的目的。

气排球传击球按动作分类可分为：双手传击球、单手传击球和插托传击球；按传球的方向分类可分为：正面双手传击球、侧面双手传击球、背向传击球；按用途分类可分为二传和其他（包括一传、二传吊球、第三次传击过网球）。

一　主要传击球技术

（一）双手传击球

1. 正面传击球

面对出球方向的传击球动作，称为正面传击球。正面传击球是最基本的传击球方法，是其他一切传击球的基础。它的技术要领和竞技排球的上手传球技术基本一样。

动作方法：正面传击球一般采用稍蹲准备姿势，抬头看球，双手自然抬起，放松置于额前上方。击球点在额前上方约一球距离处。当手触球时，两手自然张开成半球形，

图2.26　正面传击球手型

手腕稍后仰，两拇指相对成"一"字或"八"字形（图2.26），两手间有一定距离，用拇指、食指全部，中指的二、三指节触球的后下部，无名指和小指在球两侧辅助控制传球方向且手心空出。两肘适当分开高于肩关节，与两前臂之间约成90°，当来球接近前额和手型即将吻合时，开始蹬地、伸膝、伸臂、两手微张，经额前向前上方迎球。主要靠手指、手腕的紧张用力和弹力以及蹬地、伸臂等身体协调力量将球传出（图2.27）。

图2.27　正面传击球

2. 侧面传击球

身体侧对传球目标，将球向体侧上方传出的传球动作。二传队员背对球网时往往运用侧传击球，由于对方看不清二传侧传击球的出球路线，难以判断二传的方向，因此侧传击球有较大的隐蔽性。

动作方法：准备姿势、迎球动作、手型与正面传击球相同，击球点应偏向传球目标一侧，上体和手臂向传球方向伸展，传球方向异侧手臂的动作幅度、用力距离和动作速度要大于同侧手臂（图2.28）。

图2.28 侧面传击球

3. 背面传击球

背对传球目标的传击球动作称为背面传击球。在比赛中采用背传可以变化传球方向和路线，迷惑对方，组成多变化的进攻配合。

动作方法：身体背对传球目标，上体保持正直或稍后仰，身体重心在两脚之间，双手自然抬起，放松，置于额头前上方。迎球时，抬上臂，挺胸，上体后仰。击球点保持在额上方，比正面传击球稍高稍后。触球时，手腕后仰并适当放松，掌心向上，击球的下部，手型与正面传击球相同。靠蹬地、展腹、挺胸、抬臂、伸肘和手指、手腕的弹力及蹬地伸臂等身体协调力量将球向头部后上方传出（图2.29）。

图2.29　背面传击球

4. 跳传击球

跳起在空中进行单、双手传击球的动作叫跳传击球。跳传击球的击球点较高，能有效地缩短传击球与扣球之间的时间间隔，提高攻击的速度。同时，跳传往往能与二传手的二次进攻联系在一起，使二传具有较大的迷惑性和攻击性。现在，跳传击球在高水平的排球比赛中已被大量运用，有些优秀运动员已把跳传击球作为二传的主要方式。正面传击球、背面传击球和侧面传击球均可采用跳传的方式。

动作方法：跳传击球的起跳动作，无论是原地起跳，还是助跑起跳，最好都向上垂直起跳，保持好身体的平衡，当身体上升到最高点时，靠迅速伸臂以及加大指、腕的弹力将球传出（图2.30，以正面跳传击球为例）。跳传的正传、背传和侧传击球，其传球手型、击球点分别与原地的正传、背传、侧传击球的手型和击球点基本相同。

图2.30　跳传击球

（二）单手传击球

当来球与身体较近或来球靠近网口时可采用单手传击球技术。

动作方法：当一传球飞向二传时，队员靠近球一侧的手臂屈肘上举，手腕后仰，掌心向上，五指适当收拢，构成一个半环状手型托住球底部，五指托住球后下部，用伸肘、抖腕、拨球的动作将球向上送出（图2.31）。

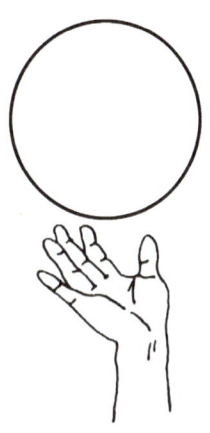

图2.31　单手传击球手型

（三）插托传击球

插托传击球是指二传队员在传球取位的过程中，发现来球与身体位置不太好，且球又有一定高度时采用的组织进攻的方式。另外，没有经过竞技排球训练学习的运动员学过插托垫球后，直接上移击球点，用插托传球取代传统一般传球手法，其运用效果也非常好。其动作特征是：一手掌心朝上、五指朝前，另一只手掌心朝前、五指朝侧，两手在球的后下方形成一个与球相吻合的弧形。动作与插托击球动作相似（图2.32）。

图2.32　插托传击球

动作方法（以左手下右手上为例）：传击球的准备姿势及迎球动作和一般的双手传球技术相同。在接触来球的瞬间，左手全手掌托在球的下部向前上方托送，右手同时翻顶球的中后部，左、右手协调作用于球，利用托、翻、顶的合力将球传出。

首先插托传击球时，球离身体不宜太远或太近。击球点位置应使托球手保持大、小臂自然弯曲于体侧为宜，这样利于充分保证手臂运动的幅度和角度，从而控制出球的方向、高度和落点。

其次插托传击球同样可以实现正传、侧传和背传、跳传的变化。正面插托传击

球时保持左手全手掌托在球的下部，右手位于球的中后部，且朝目标方向发力，身体发力方法同正面双手传击球；侧面插托传击球时左手全手掌托在球的侧下部，右手位于球的中后部，且朝目标方向发力，身体发力方法同侧面传击球；背向插托传击球时保持左手全手掌托在球的前中下部，右手位于球的后中下部且朝目标方向发力，身体发力方法同于背面传击球的发力方法。

三 教学与练习方法

（一）教学顺序

传击球技术动作方法较多，动作细腻，在教学安排中应作为主要内容来重点学习和掌握。传击球的教学顺序是，先教一般正面双手传击球，然后依次教移动传击球、转方向传击球、背面传击球、跳传击球、调整传击球等。教学时先学习原地传击球，再学习顺网二传和移动中的传击球，最后学习跳传击球和各种战术传击球。此外，没有学过竞技排球的运动员，采用插托传击球可以收到较好的实战效果。

（二）教学训练步骤

1. 讲解与示范

（1）讲解：首先讲解传击球技术在比赛中的作用，然后讲解传击球技术的特点和动作要领。讲解内容的先后顺序一般是：脚的站法，下肢姿势，身体动作，手型，击球点，触球的部位，迎击球的动作、用力方法、顺序等。

（2）示范：先示范完整的传击球动作，然后再示范分解动作，也可边讲解边示范，或重点示范传击球的关键技术环节，也可结合正面示范、侧面示范进行教学。

2. 练习顺序

（1）原地模仿练习。徒手做传击球准备姿势，听教师的口令依次练习蹬地、展体、伸臂击球动作。重点体会传击球前的准备姿势、身体协调用力的动作和传击球的手型。

（2）原地传击球模仿练习。重点让学习者体会触球手型、击球点位置和身体协调配合动作及传击球用力的全过程。

（3）两人一组，一人做好传击球的手型持球于额前上方，另一人用手扶住球。持球者以传击球动作向前上方伸展，体会身体和手臂的协调用力，另一人观察并纠正持球者的手型及身体动作（是否协调用力）。

3. 原地传击球练习

（1）每人一球，自己向额前上方抛球。要求在击球点做好传球手型；

（2）每人一球向左、右、前、后移动传球练习。要求自传一次高球，再传一次低球，提高控制球的能力；

（3）两人一组，一抛一传球练习。要求抛者向左、右、前、后抛轻球，传球者根据来球快速移动传击球。

4. 背传击球练习

（1）每人一球，自抛背传击球练习。要求将球抛到头上，两手腕后仰，掌心向上，依靠蹬地、展体、抬臂、伸肘动作把球传向后上方；

（2）3人一组，背传击球练习。3人各相距3米左右，两边的人抛球或传球，中间人背传球。要求同上。

5. 调整传击球练习

（1）两人一组，在网前相距6米，用调整传击球动作传击高弧度球练习。要求利用蹬腿、伸臂动作协调传击球。

（2）移动调整传击球练习，4号位队员传一般球至5号位，5号位队员传球到1号位，1号位队员移动至5号位将球调整到4号位。要求依次循环练习。

6. 跳传击球练习

（1）每人一球，对墙连续练习跳传击球。要求掌握好起跳时机，在空中保持身体平衡，靠快速伸臂动作将球传击出。

（2）两人一组，连续面对面进行跳传击球练习。要求同上。

（三）常犯错误及纠正方法

1. 正面传击球

（1）击球点过高或过低。

纠正方法：对墙反复传球，体会正确的击球点或传固定点的球。做各种步法移动后接球后传击球练习，保持在正确的击球点接住球，提高判断、选位能力。

（2）大拇指朝前，手型不是半球状，手指触球部位不准确。

纠正方法：进一步示范、讲解；用传球动作接球（手心空出），体会手型；近距离对墙传球，体会手指触球的正确感觉。也可用传篮球来练习、纠正。

（3）手指、手腕弹击力差，有拍打动作。

纠正方法：做手指、手腕的力量练习；用足球、篮球做传击球练习，增加指、腕力量，多做调整传击球练习、远传练习。

（4）取位不及时，对不准来球，人与球的位置关系不合适。

纠正方法：结合移动步法练习接球；学会上体移动重心，练习前、后、左、右倾斜传击球；多做平传练习，保持正面击球。

2. 背面传击球

（1）击球点不正确，过前或过后。

纠正方法：击球点宁前勿后，保持正面偏后些的传球的击球点；做自抛动作向后传球；做弧度高低结合的自传球练习。

（2）用力不协调，不会后仰、展胸、翻腕、拇指上挑。

纠正方法：移动对准球，保持在头上的击球点；背传强调蹬腿、展胸、抬臂、翻腕上挑动作；在击球点较低的情况下练习背传。

3. 跳传击球

选择起跳点不准确，人与球关系保持不好。

纠正方法：多做原地起跳和移动起跳练习；提高判断能力，选择合适的起跳点；传击不同距离和弧度的来球，保持良好的人与球关系。

第六节　扣球

扣球是气排球比赛最重要的进攻手段。通常气排球队员起跳后（一般指在限制线后起跳，击球弧线最高点高于击球点除外，这是气排球规则的特殊规定），用一只手或手臂将本方场区上空高于球网上沿的球击入对方场区的一种击球技术动作叫扣球。由于气排球竞赛规则规定队员扣球时必须在限制线后起跳，因而气排球扣球一般都带有些冲跳的性质。

扣球是气排球运动的基本技术之一，也是所有技术中攻击性最强的一项主动得分技术，在比赛中占有十分重要的地位。扣球是气排球比赛得分的主要手段，是一个队争取主动、摆脱被动、鼓舞士气、抑制对方的最积极有效的进攻武器。因此扣球的水平最能体现一个气排球队的进攻质量和效果，也是取胜的关键。扣球的攻击性在于击球点高、速度快、力量大、变化多，水平较高的进攻队员一般可以扣出不同高度、角度、线路、落点的变化球。

气排球扣球技术按动作主要分为正面双脚起跳扣球、勾手扣球、单脚起跳扣球。一般气排球扣球大都属于冲跳扣球，也有一些原地起跳和无向前冲跳的扣球。

一　主要的扣球技术

（一）正面扣球

正面扣球是气排球扣球技术中最基本的一种方法。由于面对球网，便于观察，准确性较高，加之正面扣球挥臂动作灵活，能根据对方防守的情况随时改变扣球的路线和力量，控制落点，因而进攻效果较好。初学者必须掌握好正面扣一般球后，再学习其他扣球技术。现以两步助跑（其他如一步或三步助跑起跳原理一样）、右手扣球为例来分析其动作方法和技术要领（图2.33）。

图2.33　两步助跑起跳正面扣球

1.动作方法

（1）准备姿势：扣球助跑前采用稍蹲姿势，两臂自然下垂，站在距离球网3米左右处，身体侧转向来球方向，观察来球，做好向前、侧各个方向助跑起跳的准备。

（2）助跑：助跑开始时，左脚先向前迈出一步（步幅小、速度相对慢的方向步），紧接着右脚再快速跨出一大步（为了接近球，步速快的距离步），左脚及时并上，踏在右脚之前，两脚尖稍向右转。两臂绕体侧向上引摆。

（3）起跳：在助跑跨出最后一步（即第二步），左脚并上踏地制动的同时，两臂从后积极向前摆动，随着双脚蹬地向上起跳，两臂配合起跳由后向前上有力地摆动。

（4）空中击球：起跳后，挺胸展腹，上体稍向右转，右臂向后上方抬起（屈附后引），身体成反弓形。挥臂时，以迅速转体、收腹动作发力，依次带动肩、肘、腕各部位关节向前上方做甩鞭动作（图2.34）。击球时，五指微张，全掌包满球，在手臂伸直最高点的前上方击球的后中上部，同时主动用力屈腕屈指向前推压，使扣出的球呈上旋状态（图2.35）。

（5）落地：落地时，双脚从前脚掌先着地迅速过渡到全脚掌着地，同时顺势屈膝、收腹，以缓冲下落的力量，并立即做好下一个动作的准备。

图2.34 空中击球图示

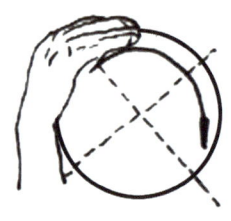

图2.35 扣球手型图示

2. 技术分析

（1）助跑：助跑的目的，一是为了接近球，选择恰当的起跳点；二是利用助跑的水平速度配合起跳，起到增加弹跳高度的作用（完成由动能到势能的转换）。

①步法：助跑的步法种类很多，主要有一步、两步；有向两侧的跨跳步和并步法，也有原地踏跳步和后撤步等。步法的运用要因球而异，因人而异，力求灵活，适应性强，但无论采用几步助跑，前面的步子要小，最后一步要大。现以两步助跑右手扣球为例，分析如下：

第一步：以左脚向来球的落点方向自然迈出，其主要作用是确定助跑方向。第一步应小，但要对正上步的方向，使静止的身体获得向前起动的速度，故这一步有"方向步"之称。

第二步：步幅要大，步速要快，使支撑点落在身体重心之前，身体后倾，重心自然后移和降低，从而有利于制动。第二步即最后一步，要以右脚的脚跟先着地，再过渡到全脚掌着地，这样有利于制动身体的前冲力，增加腿部肌肉的张力，提高弹跳高度。这一步起着调整身体与球的距离、决定起跳点的重要作用。

②助跑的路线：由于二传来球的落点不同，扣球队员助跑的方向和路线也不相同。以4号队员扣球为例，其主要的助跑路线有向前，向左、右前侧；助跑者有些习惯直线助跑，有些选择弧线助跑。

（2）起跳。

①起跳的步法：助跑的最后一步称为起跳步，它既是助跑的结束步又是起跳的准备动作。常用的起跳步法有两种：一种是并步起跳，即一脚跨出一大步后，另一脚迅速向前并步，随即蹬地起跳。这种方法便于调整起跳时间，适应性强，制动效果好，身体重心易保持稳定，但对起跳高度稍有影响。另一种是跨跳步起跳，即一脚跨出一大步的同时，另一脚也跟着跨出去，双脚有一个腾空的阶段，两脚同时着地，蹬地起跳。这种方法能利用人体下落的重力加速度，增加弹跳高度，但不便于加快助跑速度，易影响起跳节奏，不利于快攻起跳。

②起跳的位置：一般应选择在距离球一臂之远的位置起跳。这样才能保持好身

体和球之间合理的位置关系，便于充分发挥全身的协调力量，并保持较高的击球点。

③起跳的摆臂：起跳时的手臂摆动方法一般有两种。一种是划弧摆臂，以肩关节为轴，两臂经体侧向后再向前上方划弧摆动。这种摆臂可根据需要来变化划弧的大小，动作连贯协调，便于调整摆臂速度和节奏，适应性强，运用较普遍。另一种是前后摆臂，两臂由体前先向后摆动，然后再由后向前上方直接摆动。这种摆臂振幅较大，摆动较有力，有利于提高弹跳高度，但因动作大，不便于空中转体，对及时快速起跳有些影响。

（3）空中击球。

①挥臂方法：起跳后，左臂协调摆至身体前上方，协助保持上体的空中平稳。此时，击球手臂（右臂）应屈肘置于头侧，肘高于肩，身体成反弓形。挥臂前合理的屈肘动作可以缩短挥臂时以肩为轴的转动半径，减少转动惯量，提高挥臂的初速度；随之边挥臂边伸肘，加长转动半径，增加挥臂的线速度。在挥臂转动的角速度不变的情况下，上臂甩得越直，挥动半径越大，线速度也越快，扣球也越有力。这种挥臂方法（鞭打动作），既能扣高弧度球，也能扣低、平弧度球，适用范围较广。

②击球动作：击球时，要求击球的手有巨大的动量和速度，而扣球中全身协调的击球力量是由手臂的鞭打式动作，通过手腕的甩动和加速，由全手掌作用于球体的。因此，只有用全手掌击球，手指、手腕、关节才能很好地参与整个鞭打动作，传递并加大击球的力量。

③击球点：扣球的击球点应在起跳最高点和手臂甩直的最高点的前上方，也可利用击球点附近的垂直空间和水平空间来扩大击球范围，增加扣球路线和角度的变化。

（二）单脚起跳扣球

单脚起跳扣球是指助跑的最后一步以单脚踏地，另一条腿直接向前上方屈膝摆动帮助起跳的一种扣球方法。单脚起跳扣球在气排球比赛中常常用于战术进攻的扣球。单脚起跳由于第二只脚不再落地而直接屈膝上摆，且起跳腿下蹲较浅，因而它比双脚起跳动作快0.2秒左右。由于它能充分利用助跑速度，加上另一条腿积极上摆的协调动作，比双脚起跳冲得更远，跳得更高。所以它既能高跳扣定点高球，又能追球起跳扣低弧度球，有利于控制时间和空间，这对突破和避开拦网十分有利。单脚起跳扣球，可采用一步、二步或多步助跑。助跑的路线与球网的夹角宜小，以免造成前冲力过大而碰网或过中线犯规。助跑到最后，以左脚向扣球点位置跨出一大步，身体重心稍后倾，在右脚（大腿带小腿）向上摆动时，左脚用力蹬地起跳，两臂积极配合上摆，整个身体以跑为方向向左转动，起跳转体后的扣球动作与正面扣球动作基本相似（图2.36）。

图2.36 单脚起跳扣球

（三）冲跳扣球

由于气排球规则规定扣球起跳必须在限制线后，因而冲跳扣球自然成为气排球常用的主要扣球技术之一。冲跳扣球的技术动作结构与正面扣球动作基本一致。但因其必须在进攻线（2米）后起跳，需要利用向前冲跳缩短与网的距离。冲跳扣球步频快，距离长，无须全力制动和深蹲，助跑步数一般多为两步和三步。

起跳时的主要技术特点：起跳时双腿稍蹲，双脚拉开一定的距离，两臂在体侧要主动向前摆动；起跳后抬头，挺胸，上体前倾，手臂上举；击球时，右臂前上方手臂伸直至最高点，用全掌击球后中上部，同时用手腕推压动作，使球加速上旋飞行。

（四）勾手扣球

勾手扣球也是气排球扣球技术之一，但在实战中应用相对较少，它是起跳后侧对球网，运用勾手动作挥臂击球的一种扣球技术。勾手扣球能适应远网球及后排传来的调整球以改变击球时间和路线，增加击球点，扩大进攻面，且能弥补助跑过早冲到球前的缺点，也是一种行之有效的扣球技术（有时为一种迫不得已的补救措施）。

动作方法（以右手扣球者为例）：助跑的最后一步左肩转向球网，起跳后上体稍后仰，向右扭转，击球臂上提至体侧，击球时像勾手大力发球一样以迅速转体收腹来带动手臂从体侧向前上方快速挥动，手臂充分伸直，在最高点全掌击球，触球时手腕用力勾住球向下甩。由于该技术对身体素质的要求较高，变化较少，动作较复杂，故目前在比赛中较少采用，但随着比赛水平的提高，这项技术的运用有增多的趋势。

三 各种扣球技术的运用

（一）两步助跑起跳扣一般球

1. 两步助跑起跳扣一般球

这种扣球的特点是击球点高，路线变化多，威力较大，但对方易拦网。

动作方法：起跳后抬头挺胸，手臂后拉幅度应稍大，但上体不宜后仰过大。主要利用猛烈的收腹含胸动作发力，以肩为轴，向前挥动手臂，以上臂带动前臂，加强屈肘和甩腕动作，以全掌击球的后中上部。在比赛中，两步助跑起跳扣一般球是扣球时的主要运用技术。

2. 冲跳扣球

击球点距网1米左右的扣球为冲跳扣球的最佳区域。这种扣球的特点是击球点偏前，路线变化少，速度快，对方不易拦网。

动作方法：起跳时双腿稍蹲，双脚拉开一定的距离，两臂在体侧要主动向前摆动；起跳后，抬头挺胸，上体成弓形稍前倾，手臂后拉幅度小，主要利用甩前臂动作发力，以肘为轴，加强屈肘和甩腕动作，以全掌击球的后中上部。在比赛中，冲跳扣球主要在主动进攻的情况下运用，由于其速度快，常常会产生出其不意的进攻效果。

（二）原地或一步起跳扣一般球

在气排球扣球中，原地和一步起跳扣一般球的运用比较多。这种扣球动作主要采用快速起跳的办法，能够比较好地选择扣球的时机，适用各种二传球。

动作方法：原地或并步起跳，即原地踏跳或一只脚跨出一大步后，另一只脚迅速向前并步，随即蹬地起跳。动作方法的关键是快速起跳，选择适宜的起跳时机，找准起跳点，而空中及击球动作和正面扣球一样。

(三）调整扣球

扣从后场区调整传到进攻线附近的球为调整扣球。由于后场区调整传球的方向、弧度、落点不同，要求扣球队员灵活地运用各种助跑起跳方法（如多步、一步、原地踏跳、倒跨步、后撤步等），调整好人与球的距离，采用不同的击球手法，控制扣球的力量、路线和落点。在助跑时要侧身看球——若球与网夹角小，应斜线助跑；若球与网夹角大，则应外绕助跑。在比赛中，调整扣球的数量比较多，掌握好调整扣球的技术对提高得分能力有重要作用。通常情况下气排球调整击球点的高度比竞技气排球低些，因为气排球本身球体大、轻，对于高远球，不易控制传球落点。

（四）扣快球

扣球队员在二传队员体前稍远距离且不高的扣球叫扣快球。这种快球一般在一传到位的情况下进行，动作方法与正面扣球大致相同，特点是二传距离短、速度快、节奏快，实扣效果和掩护作用好。

助跑路线宜与球网保持45°～60°的夹角。助跑起动时间较早，跑速要快，一般是随一传球同时跑到进攻线后。在二传队员传球出手时或出手前瞬间快速起跳。要浅蹲快跳，以便于加快起跳速度，跳起在空中等球。击球手臂后引动作要小，主要利用含胸、收腹的动作，带动前臂和手腕快速鞭打式挥动，用全掌击球的后中上部。

（五）左或右扣平拉开球

左或右扣平拉开球指在前排左或右标志杆后1.5米左右区域，扣二传队员在前排左、右和前排中之间近网传过来的快速平弧度球。这种扣球速度快，进攻区域宽，有利于摆脱对方的集体拦网。在二传队员传球时，扣球队员已提前开始作外绕助跑，待二传队员传球出手后，扣球队员已起跳（冲跳）在空中，扣击传过来的稍远网平弧球。

（六）扣球技术在运用中的变化

1. 转体扣球

在起跳或击球过程中，改变身体方向的正面扣球称转体扣球。转体扣球与正面扣球的动作方法大致相同，主要区别是转体扣球将击球点保持在身体左侧前上方。击球时，队员在空中利用向左转体和收腹的动作带动手臂向左挥动，以全手掌击球的右侧上方来改变扣球的方向（图2.37）。

2. 转腕扣球

扣球队员在击球时，突然利用肩、前臂和手腕的转动动作来改变扣球的路线称为转腕扣球（图2.38）。

图2.37 转体扣球图示

（1）向外转腕扣球。

扣球时，起跳动作与正面扣球相同，但击球点应保持在右肩前上方。击球时，右肩上提并稍向右转，前臂向外转，手腕向右转甩动，同时上身和头部向左偏斜，以全手掌击球左侧上方，击球时肘关节应伸直以加快挥臂的速度。这种扣球在三个位置都可运用，但主要用于中间3号位的进攻上，是转腕扣球中运用最多的一种。

（2）向内转腕扣球。

图2.38 转腕扣球图示

扣球时，击球点应保持在头的左前上方，前臂右转，手腕向左甩动，以全手掌击球的右侧上方（但身体无明显转动）。这种扣球主要用于后排右和后排中扣斜线球。

3. 打手出界

打手出界指扣球队员有意识地使扣出的球触及拦网队员的手后飞出界外的扣球方法。当球传到两侧标志杆或中间3号位进攻线附近上方时，队员在击球瞬间运用各种扣球动作，击球的后上方，目标是使球触及拦网者手后飞向界外。

此外，还可将球扣在拦网者的手指尖上造成出界。扣这种球时，扣球队员要对准拦网者的手指部位，用力向远处击出平冲球，使球触及对方手指后飞向端线外。

4. 轻扣球

轻扣球指扣球队员佯装大力扣球，而在击球前瞬间突然减慢手臂挥动速度（减力），然后将球轻轻击入对方空当的一种扣球方法。轻扣球的助跑、起跳及挥臂动作应与重扣球一样逼真，易使对方拦网者及防守者误认为其是大力扣球，但在击球前瞬间，手臂挥动速度突然减慢，手腕放松，用全掌包满球，观察后大力向前上方推搓，使球从拦网者手上呈弧线落入对方空当。

5. 吊球

吊球指扣球队员以轻巧灵活的单手传球动作，使球避开或越过拦网者的手落入对方场地空当的一种击球方法。扣球队员起跳后佯装扣球，然后突然改变动作，以单手传球的手法击球的后下方或侧后下方，将球吊入对方空当。击球时，手指紧张并拢，手臂应尽量伸直，争取高点击球（图2.39）。

图2.39 吊球图示

三 扣球教学与练习方法

（一）教学顺序

气排球扣球技术动作结构复杂，教学难度大，在教学时需要抓住挥臂击球动作和助跑起跳的节奏这两个关键环节。气排球扣球技术的教学顺序：4号位扣一般高球（冲跳），2号位扣一般球，3号位冲跳扣半高及冲跳快球。冲跳快球首先学习近体快球、短平快球，然后安排学习扣其他球的技术。

（二）教学步骤

（1）讲解：扣球在比赛中的重要性；正面扣球的动作方法和要领（强调冲跳）。

（2）示范：扣球技术应先完整示范（限制线后起跳），再分解示范，让学习者明确每一部分动作的细节。教学时应采用先分解再完整的教学方法，在掌握气排球正面扣球的助跑起跳和挥臂击球动作后，再进行完整动作的教学，最后是串联练习，完成好整个动作的连贯性和节奏性。

（3）组织练习：分解的挥臂击球与助跑起跳练习；扣定点球练习；扣一般弧度球练习；与其他技术串联练习；扣各种半快、快球练习。

（4）纠正错误动作。

（三）练习方法

1. 挥臂击球和助跑起跳练习

（1）集体徒手挥臂练习。学生呈横向体操队形散开，按照教师的口令做徒手挥臂练习，并结合原地起跳、一步助跑起跳、两步助跑起跳，可以轻微腾空，注意鞭打挥臂动作的协调性。

（2）网前助跑起跳练习，学生呈横队列于进攻线后，听口令一起做两步助跑起跳。

（3）两人一组，一人手持球高举做固定球，另一人用鞭打动作扣该固定球。

（4）面对墙站立，手持一球，做正面扣球挥臂动作，将球屈腕甩出。

（5）自抛自扣。原地对墙自抛自扣或自抛跳起扣轻球。

（6）距墙3～4米，连续对墙扣反弹球。

（7）两人一组，相距3～5米，相互抛球、扣球。

2. 扣定点球

（1）将两头系有橡皮筋的球固定在适当高度，学生助跑起跳扣该固定球（或扣有其他固定设备的球）。

（2）教师站在网前高台上，一手托球于网上沿，学生助跑起跳扣固定球。

3. 扣抛球

（1）扣球者在4号位助跑起跳，把由3号位抛来的球在高点轻扣过网。

（2）扣球者在4号位助跑起跳，扣顺网抛来的球。

4. 扣一般弧度球

扣球者在4号位（或2号位）将球传到3号位，3号位将球顺网传到4号位（或2号位），扣球者上步助跑起跳扣完整球。

5. 与其他技术的串联练习

（1）4号位（或2号位）队员防扣一次后，立即扣一般弧度球。

（2）4号位（或2号位）队员防吊（或拦网）一次，立即扣一般弧度球一次。

（3）接发球后，立刻移动至4号位（3号位、2号位）扣球。

6. 扣各种快球

学生在各位置传球给二传队员，然后扣其传出的近体快、背快、短平快、背短平快、背平快、平拉开、半快、调整快、后排快、单脚快球等。

（四）易犯错误及纠正方法

1. 正面扣一般高球

（1）起跳前冲过大，击球点偏后（击球时，人在球下或球前）。

纠正方法：助跑起跳点适当后移。

（2）起跳时机掌握不准。

纠正方法：给予语言和视觉或触觉信号辅助练习。

（3）助跑和起跳脱节。

纠正方法：反复练习助跑和起跳技术，保持好的节奏（不中断，不停顿）。

（4）扣球时手臂僵硬。

纠正方法：练习徒手鞭打放松动作；距墙2米，练习用中等力量放松连续扣反弹球。

（5）扣球时手包不住球。

纠正方法：把球固定在击球高度上反复挥臂击球，对墙自抛自扣反弹球，练习击球手法。

2. 扣快球

（1）起跳不及时。

纠正方法：注意球走（一传）人启动。反复看一传信号后启动练习。

（2）起跳后冲网。

纠正方法：起跳时，制动脚脚跟着地后再向上起跳，反复练习。离网1米左右画一条起跳限制线，要求扣球者必须在限制线后起跳，可稍前冲。

第七节　拦网

拦网是气排球的基本技术之一，是前排队员靠近球网，将手伸向高于球网处，阻挡和截击对方击打过来的气排球的动作。

拦网是气排球的第一道防线，同时又具有强烈的攻击性，可以直接拦死、拦回对方的扣球，质量高的拦网能够削弱对方的进攻力，给进攻者造成心理压力。此外，拦网还是反攻的重要环节，拦网可以将对方有力的扣球拦起，减少后排防守的压力。拦网水平的高低直接影响着比赛的胜负，气排球在没有前排拦网的情况下，后排防守是极其困难的。

一般气排球拦网可分为单人拦网和集体拦网（双人拦网和三人拦网）。

一　主要拦网技术

（一）单人拦网

1. 动作方法

准备姿势：队员面对球网，两脚左右开立约与肩宽，距网20～30厘米，两膝微屈，两臂在胸前自然屈肘。

移动：可采用并步、交叉步、跑步，向左或右移动。

起跳：分原地起跳和移动起跳，原地或移动后要求重心迅速降低，两膝弯曲，同时利用手臂小幅度摆动帮助起跳，身体垂直向上起跳并稍收腹；拦网时两手从额前平行于球网的位置向网上沿前上方伸出。两臂平行，两肩尽量上提，两臂尽力过网伸向对方上空，两手接近球，全面张开，手触球时两手要紧张，用力屈腕，主动盖帽捂压球，落地时，双脚尖要转指网（图2.40）。

图2.40　单人拦网

气排球拦网的起跳时机要根据二传球的情况和扣球人的动作特点来决定。一般扣高球时，因扣球队员在空中有一个引臂、展腹、前冲的过程，而拦网常常原地起跳，腾空时间较短，所以一般应比扣球队员晚起跳。而拦快节奏球时，要和扣球队员同时起跳。拦网的起跳地点应在对方扣球的主要线路上。伸臂的时机最好是对方击球的瞬间。拦网击球时，手指要张开伸直，主动屈腕用力盖帽捂球，使拦回去的球反弹角度小，对方不易保护。2号、4号位两侧拦网队员的外侧手要内转，以防止被打手出界。拦网中的判断应贯穿在拦网的整个过程中，拦网的每个环节都离不开准确的判断。

2. 技术分析

（1）由于气排球网较低，可采用稍蹲准备姿势，这也有利于迅速向两侧移动和起跳。

（2）两臂置于胸前并屈肘，有利于快速伸臂达到最高点。

（3）准备拦网时，站在距球网20~30厘米处，可避免触网，又可免于漏球。

（4）移动步法中，并步适用于近距离移动，交叉步适用于中远距离移动，跑步适用于距离较远时采用。

（5）拦网击球时，两臂尽力伸直，前臂靠近球，以免球从网和手臂间落下。两手间的距离不能过大，以免球从两手之间或两臂之间漏过；也不能过小，以免拦网阻截面过窄。

3. 技术要点

垂直上跳，含胸收腹，摆臂向上后提肩伸臂，过网拦击。

（二）集体拦网

集体拦网指两人或三人拦网（图2.41）。一般拦3号位队员，两侧队员配合，移动中组成双人拦网；3号位队员和两侧队员移动中配合共同组成三人集体拦网。

图2.41　双人拦网

二　拦网技术的运用

由于气排球适合任何年龄段的人参与活动和竞赛，我们认为可根据参赛者的特点（年龄、性别、竞技水平）采用不同的拦网形式，如无人拦网、单人拦网和集体拦网（双人和三人拦网）。若以争夺锦标为目的，有一定的训练时间，最好还是采用双人拦网为宜。因为气排球比赛扣球起跳点要求在限制线后，一般击球点往往和球网有一定距离，进攻区域相对宽阔，那么无论是高球还是平快球都容易突破单人拦网。如果三人拦网，后排防守保护的人手又太少（五人制有两人，四人制后排仅剩一人），对方很容易吊球得分。

三　教学与练习方法

（一）教学顺序

气排球拦网的教学应放在扣球之后进行。先教手型和手臂动作，再教准备姿势和原地起跳拦网的方法，最后学习移动起跳拦网。其中拦网的起跳时机和拦网取位是两个关键环节。从完整技术教学而言，先教单人拦网，再教集体拦网。

（二）教学步骤

1. 讲解

气排球拦网在比赛中的地位与作用；单人拦网的动作环节方法、动作要领，拦网的判断与起跳时机，集体拦网的配合应注意的地方。

2. 示范

采用完整的动作示范单人拦网起跳、空中击球手法和落地动作，建立正确动作概念，然后边讲解边示范分解动作，最后再完整示范。

3. 组织练习

徒手练习，结合球练习，徒手低网拦网练习，结合球由低到高网拦网练习，与其他技术串连练习。

4. 纠正错误动作

（三）练习方法

1. 徒手练习

原地做拦网的徒手动作练习。网前原地起跳，做低网拦网徒手练习。由3号位向2号或4号位移动做拦网徒手练习。

2. 结合球练习

两人一组，一人持球，另一人拦固定球（隔低网）。由低网到高网练习扣拦练习，两人一组，一扣一拦。注意拦网要拦限制线后的进攻球。

原地起跳拦高台击打过网球。

在2号、4号位拦对方扣球。

在2号、3号位间和3号、4号位间连续移动单人拦网。

3. 集体拦网练习

本方3号位队员向2(4)号位移动，与2(4)号位队员共同组成双人拦网。

本方2号、4号位队员向3号位移动，与3号位队员共同组成三人集体拦网。

注意拦网要拦限制线后的进攻球。

4. 与其他技术串连练习

在进攻落地后，立即跳起拦网。

拦网后，立即把教练员抛来的球调到位。

拦网后，立即救起教练员抛来的模拟被拦回的球。

拦网后，立即后撤，再上步冲跳扣球。

5. 易犯错误及纠正方法

气排球

（1）起跳时机不准。

纠正方法：反复练习拦各种高度及网上的来球，提高起跳时机判断力。

（2）手臂下压触网。

纠正方法：强调拦网压腕而非压臂。结合低网一对一扣拦练习。

（3）拦网手臂身体触网。

纠正方法：多练顺网移动起跳，学会控制身体平衡。

（4）集体拦网互相干扰。

纠正方法：讲清集体拦网时，每个拦网者要以封对方进攻的线路为目的，然后反复练习拦网者之间的配合。

气排球基本战术

第一节 气排球战术的基本理论

一 气排球战术的概念

气排球战术,是运动员在比赛中根据气排球运动的比赛规律、双方的具体情况和临场变化,有效运用技术所采取的有预见、有目的、有组织的行动。

二 气排球战术的分类

气排球战术分为个人战术和集体战术两类。单个队员根据临场情况有目的地运用技术的过程为个人战术。两名或两名以上队员之间有目的地集体协调配合的行动为集体战术。两者相辅相成,互相促进、互相补充。

个人战术分为发球、防守击球、传击球、扣球、拦网等。集体战术则分为集体进攻战术与集体防守战术两大类。集体进攻战术中有多种进攻阵型,如组织进攻阵型等等。各种进攻阵型下又有许多进攻与防守打法组合,目前高水平的进攻打法组合已从点面结合发展为气排球的立体进攻。集体防守战术中同样有多种防守阵型,如接发球阵型、接扣球阵型、接拦回球阵型、接传垫球阵型等,各种防守阵型又有多种变化形式。气排球比赛中,除发球外,所有的进攻都是从防守开始的,防守就是为了进攻,攻和防处在不断迅速转换中。实战中进攻战术和防守战术的组合,便形成了气排球的接发球及其进攻、接扣球及其进攻、接拦回球及其进攻、接传垫球及其进攻等四个战术系统(俗称"四攻"系统)。具体战术分类见图3.1。

三 气排球战术与技术的关系

气排球技术与战术两者之间是辩证关系,两者既相互联系、互相依存又互相促进、互相制约。气排球技术是战术的基础,如没有规范、全面、熟练的技术为基础,气排球就无战术可言；气排球战术是技术的有效组织与合理创新及运用。同样，战术可以反作用于技术，对技术提出更新、更高的要求，以此促进技术的发展与提高。

气排球战术和技术都是不断发展的。改进和提高原有的技术并加以多方位创新运用就可能创造出新的战术。反之，先有新战术设想，再着手改进、训练提升技术，也可促进新技术的出现和发展。

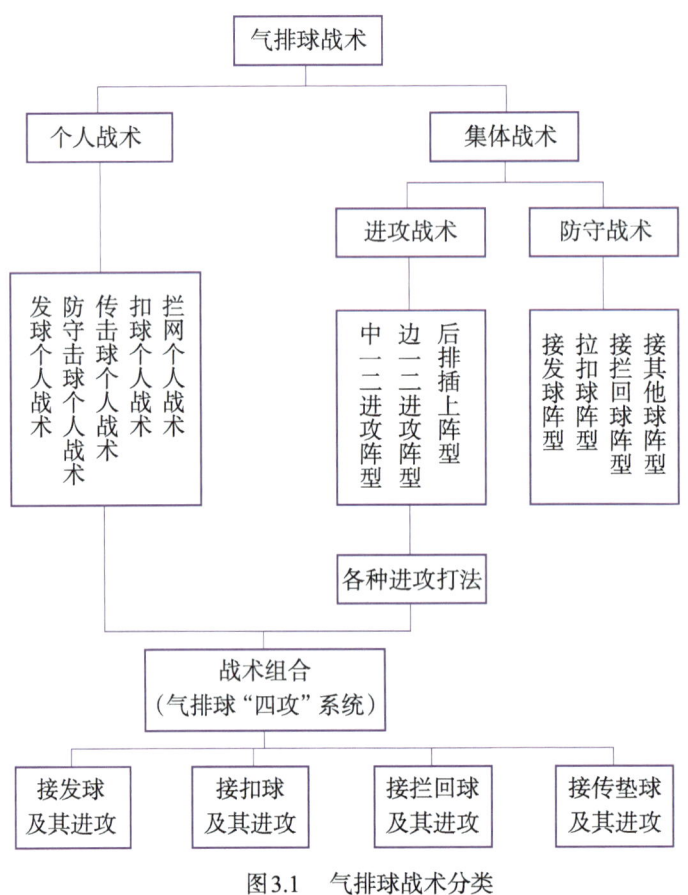

图3.1　气排球战术分类

四 气排球战术的数量与质量的关系

所谓战术的数量是指战术的多样性，而战术的质量是指其运用的熟练程度和效果（有效性），两者的关系和技、战术的关系一样都是辩证统一的。一个队员或一个球队只有掌握了战术的多样性，才有可能灵活地变换战术，使对方摸不到规律，从而容易达到出奇制胜的效果。

如果只是盲目追求战术数量而忽视战术质量，多而不精，华而不实，那么在实战中仍然达不到理想的效果。

五 气排球个人战术与集体战术的关系

气排球个人战术与集体战术的关系是其攻防中个体和整体的关系。一方面，集体战术的实施是通过个人技、战术组合后完成的，集体战术要利于发挥个人战术的特长和作用；另一方面，个人战术应融于集体战术之中，并以集体战术为主导，同时密切协调配合，在服从和服务于集体战术的前提下，充分发挥个人技、战术特点。

第二节　气排球阵容配备、交换位置和信号联系

一 阵容配备

阵容配备是为了合理地安排场上队员技术力量的阵容形式，扬长避短，最大限度地发挥每个队员的作用和特长。因此在调配阵容时应综合考虑全队各名成员的不同情况和特点，选择技术、心理、应变能力及作风好的成员组成主力阵容，将平时合作默契的二传与攻手安排在相邻的位置上，并尽量使各轮次间的攻守力量趋于均衡。同时，阵容配备还应针对不同的对手进行相应的调整。根据比赛制式的不同，气排球阵容配备的基本形式有以下几种：

五人制："四一"配备和"三二"配备；

四人制："三一"配备和"二二"配备。

（一）五人制

1."四一"配备

"四一"配备由四名进攻队员和一名二传队员组成（图3.2）。其优势是二传与攻手分工明确，进攻点较多，全队只需要适应一名二传队员的技术特点，相互间的配合更易默契，有利于战术意图的领会与执行，四名攻手的设置也有利于本方进攻实力与拦网实力的提升；但这种配备对二传的体能及分配球的能力要求较高，同时还要考虑二传插上后，后排防守薄弱这一问题，因此有些队伍会培养接应二传代替其中一名攻手的位置，以弥补后场防守与调整球的问题。

2."三二"配备

"三二"配备由三名进攻队员和两名二传队员组成，又可根据二传的站位分为两

种阵型，其一为二传站于前排3号位和后排5号位（图3.3），其二为二传站于前排3号位和后排1号位（图3.4）。这种阵型的特点是二传与攻手的数量及站位分布比较合理，每个轮次均能保证有一名二传队员在前排，且前后场均有二传可以调整球，可以最大限度地防止一传不到位时本方无法有效组织进攻的情况出现，从而保证战术配合的稳定性；但这种阵型有时会出现两名二传同时在前场区的情况，进攻点的减少也在某种程度上降低了本方的进攻实力，同时也要求二传队员轮到前排时要能攻能传，造成了一定的难度，使得这种阵容配备受到了一定的限制。

（二）四人制

1. "三一"配备

"三一"配备形式（图3.5）由三名进攻队员（其中有一名或为接应二传）和一名二传队员组成。这种阵型特点与五人制的"四一"配备比较接近，虽然场上人数减少使队员间的跑动换位相对容易，但对形成专位攻防布局所需的时间、位置要求更高，每名队员在快速变化时负责的区域也相对变大，增加了一定的战术配合难度。

2. "二二"配备

该阵型由两名二传队员与两名攻手组成（图3.6），各轮次二传与攻手配置均衡，较容易掌握与运用，是气排球初级球队常采用的阵型。

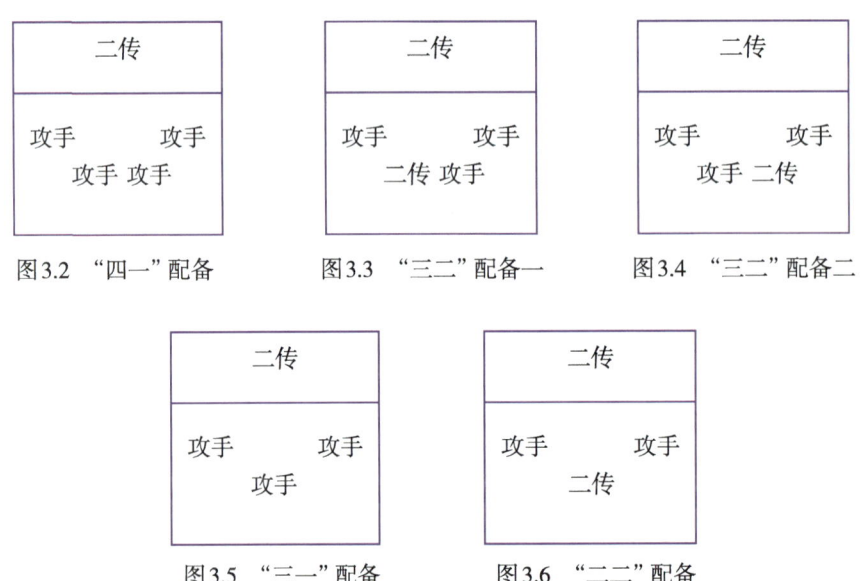

图3.2 "四一"配备　　图3.3 "三二"配备一　　图3.4 "三二"配备二

图3.5 "三一"配备　　图3.6 "二二"配备

三 位置交换

气排球为了最大限度地发挥每个队员的特长，调动一切积极因素，加强攻防及调整的力量，从而弥补由于队员身体、体能、技术、战术掌握程度不平衡所带来的缺陷，比赛规则允许场上每位队员在发球队员发球出手后进行位置交换。

（一）位置交换的几种情况

1. 前排队员之间的换位

气排球比赛中一般为了加强进攻或拦网力量，发挥不同队员的进攻和拦网特点，把进攻或拦网能力强的队员换到最便于扣球或拦网的位置上。如：优势手为右手的扣球队员换到4号位，优势手为左手的扣球队员换到2号位；把善于冲跳、扣快平球的队员换到3或2号位；把二传队员换到2或3号位等。

为了加强集体拦网力量，一般把身材高、弹跳好、拦网技术好的队员换到拦网任务较重的3号位。

和室内排球一样，在进行交叉、夹塞等双人配合进攻战术时，可自然换位，以便自然组织下一个回合的进攻。

2. 后排队员之间的换位

气排球比赛中为了加强后排防守，发挥个人防守专长，把队员换到各自擅长防守的区域，采用专位防守；也可以根据临场情况，把防守能力强的队员换到防守任务较重的区域。

为了在比赛中连续运用行进间"插上"，可把二传队员换到1号位，以缩短"插上"时跑动的距离，便于组织进攻。

为了加强进攻，提高整体的效果，把后排进攻能力强的队员换到1号、5号位，以缩短与二传队员之间的距离，更便于组织整体战术。

3. 前后排队员之间的换位

气排球比赛中为了缩短二传队员的"插上"跑动距离，更便于组织整体进攻战术，本方二传在后排时，当对方发球后，站在前排队员身后的二传队员迅速跑动到网前传球的位置。

（二）位置交换的注意事项

（1）气排球比赛中发球击球前，应按规则的要求站位，防止"位置错误"犯规。

（2）气排球比赛中发球队员击球后，即可换位，换位应力求迅速换到预定位置，以便准备下一个动作。

（3）气排球比赛中接发球时，应首先准备接起对方的发球，然后再进行换位，以免造成接发球失误。

（4）气排球比赛中当球被判为死球时，应立即返回原位，尤其在对方掌握发球权时更应迅速返回原位，尽早做好接发球的准备。

三 信号联系

气排球是一个集体项目，在比赛中实现快速多变的进攻战术时，可以通过信号联系统一行动；没有完善的信号联系，就难以实现进攻战术的变化统一协调（二传和攻手的沟通）。所以，信号联系在气排球战术运用中起着非常重要的作用。

气排球比赛中一个队的信号联系要根据本队的情况，由教练员和运动员共同协商来确定。联系信号力求简单、精练、清晰，可让本队队员迅速明了。其主要包括以下几种：

（一）语言信号

气排球比赛中本队队员可使用简单的语言直接进行联系，如"快""高"等；或将战术编成代号，如"A""B"等，以代号进行联系。但语言联系容易让对方识别意图，有时可以采用真真假假来迷惑对手或采用本队特别的语言代码。

（二）手势信号

气排球比赛中通过事先约定的各种手势进行规定的战术配合，也是一种比较常见的手法。手势信号可由下列队员出示：

（1）二传：二传是进攻的策划组织者，由其做手势统一指挥，效果更佳。

（2）攻手：由进攻队员选择打什么样的球，这样有利于发挥进攻队员的主动性。

（三）落点信号

根据一传或防反起球后的落点，作为发动某种战术进攻的信号。

（四）综合信号

综合使用上述信号。

第三节 气排球个人战术

气排球个人战术是不同层次的队伍及不同年龄段的队员根据临场比赛的情况，有目的、有针对性地运用个人技术动作的战术。个人战术可以提高个人技术动作的效果和补充集体战术的不足。气排球个人战术一般包括发球、防守击球、传击球、扣球和拦网等。

一　气排球发球个人战术

由于发球是气排球技术中唯一不受他人制约的技术，因此发球个人战术具有相对的独立性和自主性。运用发球个人战术的目的是破坏对方的一传，为本方得分或反击创造有利条件。根据临场情况，针对不同对手的接发球适应能力，采用不同的战术是很有必要的。具体运用如下：

（1）性能不同发球。

攻击性发球：在保证准确的基础上，尽可能地发出速度快、力量大、旋转强、弧度平的攻击性发球，如跳发球等。

发飘球：利用发球位置的不同，有意识、有目的地发出或轻、或重、或平冲、或下沉等各种性能不同的飘球。

（2）控制落点发球。

找薄弱区域发球：将球发到对方前场区、后场区、两个队员之间的相连区、前后排空当区。

找人发球：发给心理素质及一传差、情绪急躁或刚换上场的队员，也可以发给快攻队员或二传队员。

（3）控制节奏变化发球。

在气排球比赛中，打破常规，突然加快或放慢发球的节奏，使对方猝不及防，接发球不适应。

（4）控制线路变化发球。

长、短线结合的发球：根据对方队员站位情况，时而发长线球，时而发短线球，以调动对方，掌握主动。

直、斜线结合的发球：充分利用场地宽度的发球区，采取"站直发斜"或"站斜发直"的发球方法，突袭对方。

（5）混合式发球。

用相似动作发出不同性能、不同落点、不同节奏和不同线路的球。

二　气排球防守击球个人战术

防守击球是指接好对方发球和处理过网后的球的技术，按动作方法主要可以分为：正面双手小臂垫球、双手插托球、捧球、背向双手小臂垫球、单手托球。

防守击球的个人战术最重要的是准确预判对手的发球或进攻时机、过网高度、路线、速度力量及己方的拦防情况，能选择有利的位置，并采取合理的击球动作，将球有效地按战术的要求接（一传）防（反击）。好的防守队员，不是单纯地勇猛摔

救，而要善于思考，要看清对方进攻的意图和本方拦网的布防情况，在接防来球前就做出正确的预判并采取相应的措施。主要包括：

（1）组织一般进攻战术：一传的弧度要稍高，速度稍慢。

（2）组织两次球战术：一传的弧度要高，接近垂直下落，以便扣两次球或转移。

（3）组织快攻战术：一传的弧度要平，速度稍快，以加快进攻的节奏。

三 气排球传击球个人战术

气排球传击球主要用于组织进攻，传击球个人战术的基本任务是利用空间、时间和动作上的变化，迅速地组织协调有效进攻，给扣球队员创造有利的条件，使对方难以组织防御。具体运用如下：

（1）隐蔽传击球：气排球比赛中二传队员尽可能地以相似动作，传出不同方向的球，使对方难以判断传球的方向。

（2）晃传和两次传击球：二传队员先以扣两次球吸引对方拦网队员后，突然改扣为传击球。也可先以传击球动作迷惑对方，再突然改传为扣球。

（3）时间差跳传击球：二传队员在跳传时，改变常规传击球的时间，采用延缓传球的方法，在人和球下落过程中将球传给进攻队员，以造成对方拦网队员的时间误判。

（4）选择突破点传击球：根据对方拦网的部署，在传球时尽可能避开拦网强的区域，选择薄弱环节作突破口，以便在局部地区造成以多打少、以强攻弱的优势。

当然，传击球既可以选择竞技排球的传、垫球，也可以用高点插托球等。

四 气排球扣球个人战术

气排球扣球个人战术是扣球队员根据比赛中对方拦网和防守情况，选择合理、有效的扣球方法。具体运用如下：

（1）路线落点变化：扣球时灵活运用转体、转腕和打手出界扣出各种线路落点的球，避开对方的拦网和防守区域。

（2）力量上的轻重变化：扣球时重扣强行突破与轻扣及打点有机结合。

（3）超手：充分利用弹跳力，采取超手扣球技术，从拦网队员手的上面突破。

五 气排球拦网个人战术

气排球拦网个人战术是通过准确的起跳时机、空中的拦网高度和拦击面、手型动作的变化等因素来实现的攻击方式。具体运用如下：

（1）假动作：拦网队员可灵活地运用站直拦斜，站斜拦直，正拦侧堵及佯装拦强攻、实为拦快攻等假动作迷惑对方，提高拦网效果。

（2）变换手型：拦网队员起跳后，根据进攻队员的动作改变，拦网手型随机应变，以达到拦击对方的目的。

（3）撤手：在发现对方要打手出界或平扣球时，可在空中及时将手撤回，造成对方扣球出界。

第四节　气排球集体战术

气排球集体战术是指两个或两个以上队员之间有组织、有目的地集体协同配合行动。任何集体进攻战术的变化都建立在进攻阵型和进攻打法的基础上。

一　气排球集体进攻战术

要了解气排球集体进攻战术，首先就必须知道进攻阵型及其主要形式。

进攻阵型，就是进攻时所采取的基本队形。合理地选择进攻阵型是各种进攻战术变化的基础。进攻阵型主要有两种："中一二"和"边一二"进攻阵型。

（一）气排球集体进攻阵型

1."中一二"进攻阵型及其变化

由前排一名队员在3号位担任二传（图3.7），其他队员在限制线后不同位置进攻的阵型，称作"中一二"进攻阵型。"中一二"是最基本的阵型，其特点是二传队员在中间，一传容易到位，战术可简可繁，适合不同技术水平的队伍。技术水平较低的队伍可组织两翼进攻，技术水平较高的队伍可组织各种战术进攻乃至立体进攻。其站位及变化如下（图3.8、图3.9），由于四人制和五人制的"中一二"进攻阵型及其变化大同小异，没有本质的不同，故在此只以五人制为例加以说明。

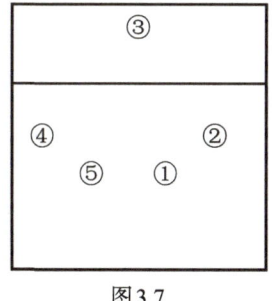
图3.7

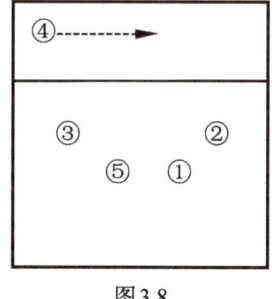
图3.8

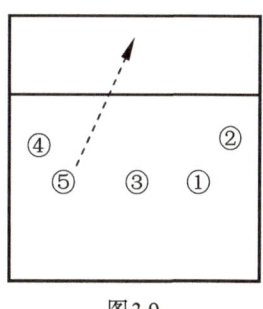
图3.9

（1）二传通过平行移位换位变成"中一二"进攻阵型。

二传队员在4号位或2号位时，可以在对方发球后换位成"中一二"阵型。

（2）二传通过"插上"变成"中一二"进攻阵型。

二传队员在1号位或4号位时，可以在对方发球后从隐藏于2号位和3号位队员身后插上换位，形成"中一二"阵型。

2."边一二"进攻阵型及其变化

由一名队员在前排2号位作二传（图3.10），其他队员参与进攻的阵型，称作"边一二"进攻阵型。"边一二"也是基本的进攻阵型，其特点是二传队员在边上，对一传的要求稍高，但战术变化多于"中一二"进攻阵型，战术可简可繁，同样适合不同技术水平的队伍。其站位及变化如下（由于四人制和五人制的"边一二"进攻阵型及其变化大同小异，没有本质的不同，故在此只以四人制为例加以说明）。

（1）二传通过平行移动换位变成"边一二"进攻阵型。

二传队员在3号位时（四人制前排只有3号位和2号位队员二人），可以在对方发球后平行移动换位成"边一二"阵型（图3.11）。

（2）二传通过"插上"变成"边一二"进攻阵型。

二传队员在1号位或4号位时，可以在对方发球后从隐藏在2号位和3号位队员后插上换位，形成"边一二"阵型（图3.12）。

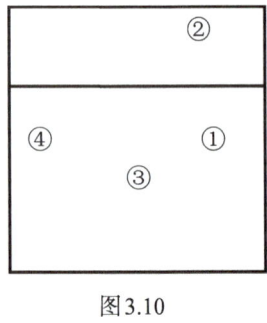
图3.10

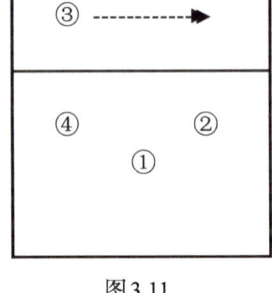
图3.11

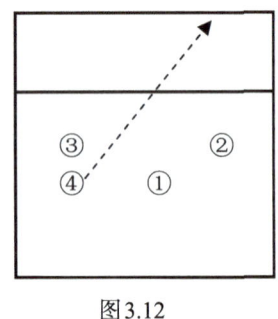
图3.12

3.气排球比赛二传传球时应注意的问题

（1）气排球相对排球而言球体大，重量轻，相对难以控制，故不宜传线路过长和过远的球。和普通竞技排球比，气排球的运行高度和远度可适当降低，传、扣队员要注意这一点。

（2）气排球必须在限制线后进攻，故无前后排进攻的区别。二传组织进攻时，集中、围绕、近体、短平等离二传身体不是太远的冲跳性进攻相对而言更易实施。

（3）二传在限制线和中线中间更易实施（相对室内排球，更靠近球网）。

（4）二传同样应掌握不同区域、不同深度、不同高度的各种传球。每次进攻都可形成四点（五人制）或三点（四人制）进攻。

（5）气排球比赛二传轮转到后排时可运用插上形成"中一二"或"边一二"进攻阵型。但其插上时应注意以下几点：

①为了使插上队员能尽快插到网前，且尽量不影响其他队员接发球，插上队员一般站在同列队员的侧后方，以便缩短插上跑动路线（直线）。

②对方发球击球后应立即插上，但不应起动过早以免造成位置错误。

③反攻中判断本人不会第一次触球，应迅速插上，以保证组织进（反）攻。

（二）气排球主要进攻打法

气排球进攻打法是指二传队员与扣球队员之间所组成的各种配合。每一种进攻阵型都可以灵活地运用多种进攻打法，以达到避开拦网、突破防线、争取主动的战术目的。气排球进攻打法可分为强攻、快攻、两次攻、转移及立体进攻等。

气排球进攻打法多种多样，各种进攻打法可以组合搭配。如快球掩护的进攻就是快球与其他打法的进攻的结合。

进攻打法的核心目标是要力争避开对方的拦网，把球扣过去。因此，各种打法都考虑了进攻的时间和空间。各种快球进攻讲究一个"快"字，力争对方来不及跳起拦网。"时间差"和梯次进攻也会造成对方拦网的时间判断出现误差，从而扣球得手。空间是指进攻点的位置，充分利用球网的长度，因此就有了"拉开"或者"集中"进攻。扣球时，击球点离网越远，对方拦网的有效阻截面就越小，因此就有了中、远网进攻（气排球进攻必须在限制线后起跳，符合中、远网进攻的条件，所以设计其进攻打法时首先考虑其大多数进攻及组合要具有中、远网冲跳进攻的特征）。进攻点的变化力争使对方拦网队员的移动发生障碍，因此就有了各种交叉、"加塞"和"双快一跑动"等战术；为了造成对方对拦网点出现误判，因此就有了"位置差"和"空间差"等打法。综合时间和空间因素，可以设计或创造出更多的进攻打法。"立体进攻"就是综合了时间和空间因素的一种设计。

1. 强攻

气排球比赛中在本方无掩护或较少掩护的情况下，凭借个人力量、高度和技巧强行突破对方的拦网和防守的打法称为强攻。强攻又分为以下几种方法：

（1）集中进攻。

气排球比赛中，进攻队员在4号位或2号位扣二传队员传到比较靠近3号位——比较集中的不拉开——的高球进攻，或在3号位扣一般高球，称之为集中进攻。这种打法易掌握，也易被拦（图3.13，以五人制为例）。

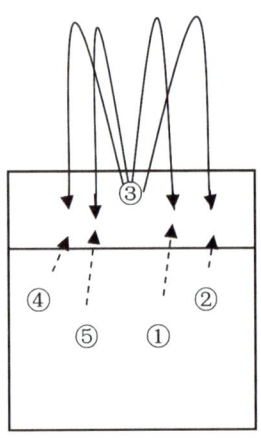
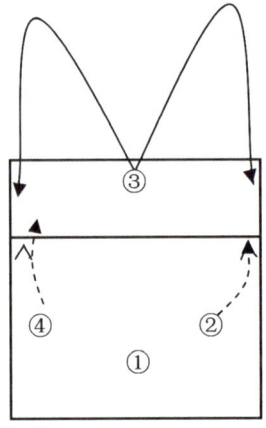

图3.13　五人制集中进攻　　　　图3.14　四人制拉开进攻

（2）拉开进攻。

二传队员将球（一般高球）传到标志杆附近进攻的打法叫拉开进攻。拉开进攻可以扩大攻击面以避开拦网，有利于线路变化及打手出界（图3.14，以四人制为例）。

（3）围绕进攻。

进攻队员绕过二传队员扣其传出的一般高球，为围绕进攻（图3.15，以四人制为例）。围绕跑动换位的目的是发挥自己的扣球特长，避开对方拦网的有效区域，或扣球后自然换位。

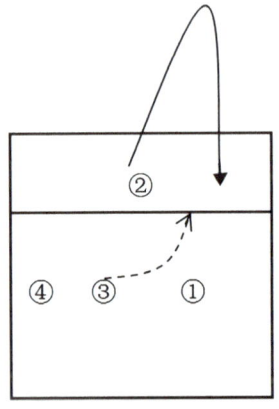
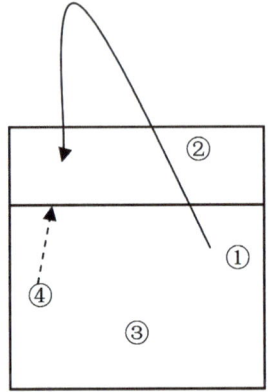

图3.15　四人制围绕进攻　　　　图3.16　四人制调整进攻

（4）调整进攻。

气排球比赛中当一传或防起的球不到位，球的落点离网较远时，由二传或其他队员把球调整到网前有利于扣球的位置，进行强攻的打法称为调整进攻（图3.16，以四人制为例）。调整进攻在接扣球防守反击中运用较多，并占有比较重要的地位。调整进攻对运动员的体能要求较高，运动员必须具备较高的弹跳高度和力量，才能有效地突破对方的拦网和防守。

2. 快攻

气排球比赛中各种快球进攻者和一传球一起起动以及以快攻作为掩护、由同伴或本人所进行的进攻，均称为快攻。

（1）各种快球进攻。

二传队员将球或快或平地传给扣球队员，扣球队员快速助跑挥臂击球，称为快球进攻。快球进攻是我国室内排球的传统打法，在现代气排球比赛中也有较多的应用。其特点是速度快、突然性大、掩护作用强，有利于争取时间、空间和组织多变的战术。

根据二传组织快球进攻时传出球的方向和距离（如图3.17），快球有近体快（A）、短平快（B）、背快（C）、背短平快（D）、背溜（E）和平拉开（F）以及调整快、半快球（G）、单脚快等。当然，气排球快球（进攻）运动员一定是在限制线后起跳，击球点一般在球网和限制线中间，大多是远网进攻。

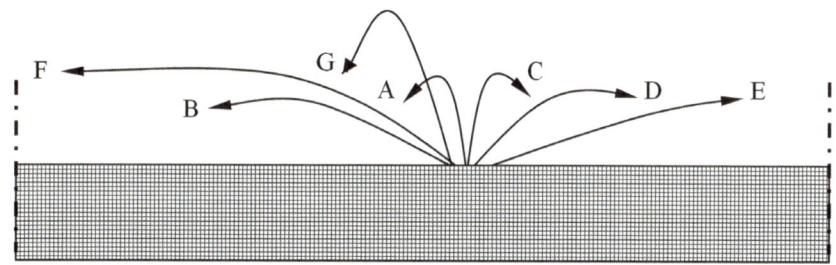

图3.17　各种快攻路线图（按二传传球方向和距离）

气排球比赛中组织快球战术，主要靠二传队员与扣球队员之间密切配合。二传队员要了解扣球队员的特点，还要根据扣球队员的上步情况，主动配合传球。扣球队员也应根据一传及二传的特点，主动地加以调整配合。其中重要的一点是要相信二传队员，否则就会犹豫不决，贻误战机。

（2）自我掩护进攻。

用打各种快球的假动作来掩护自己的第二个实扣进攻，称为自我掩护进攻。自我掩护进攻主要有"时间差""位置差"和"空间差"三种。

①"时间差"。进攻队员到起跳点先假跳，吸引对方拦网跳起，然后限制线后起跳实扣半高球——利用对方队员拦网起跳的误差，达到突破拦网目的的打法，称之为"时间差"。在运用时一般要求扣球队员与二传之间通过暗号密切配合。扣球队员的第一次佯攻助跑上步、急停制动动作都要做得逼真。同时，也要与快球实扣交替使用才能收效。二传球的高度定在对方拦网队员下落之际，本方扣球队员能突然原地起跳实扣为佳，"时间差"进攻打法有多种，多以前冲实跳为主，如限制线后不同起跳点的"时间差"进攻。

② "位置差"。气排球比赛中进攻队员快球进攻佯跳，吸引对方拦网跳起，然后突然向侧方跨跳一步跳起扣杀——由于进攻队员扣球位置的差异，从而吸引对方拦网位置的差异，以达到空当进攻的目的，称之为"位置差"。扣球队员的佯攻要逼真，错位的移动要连贯，并与快攻实扣灵活交替运用，方能取得良好效果。"位置差"进攻打法有多种，如短平快前错位、近体快（前或）后错位的"位置差"进攻。

短平快前错位：3号位短平快佯攻后向右跨步，用双脚或单脚起跳扣集中的半高球（图3.18）。

近体快后错位：3号位近体快球佯攻，然后突然向右侧跨步围绕到二传队员背后扣半高球（图3.19）。

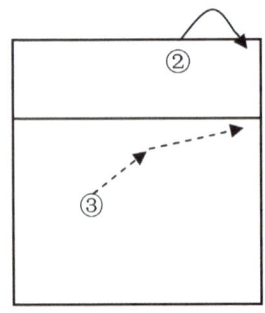

图3.18　短平快前错位

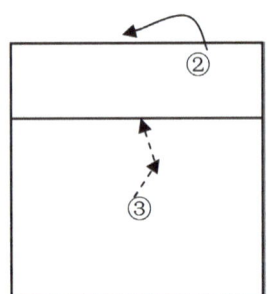

图3.19　近体快后错位

③ "空间差"。也称空中位移进攻。助跑跳起后，利用身体在空中移动的幅度，来迷惑和避开对方的拦网，达到空当进攻的目的，称之为"空间差"。又因为进攻队员利用了起跳点和实扣点在空间上的差距而得名。这种打法进攻面宽，突然性大，很容易摆脱对方的拦网，但要求扣球队员有良好的弹跳、冲跳和空中平衡能力，并要与二传队员密切配合才能完成。"空间差"是中国运动员汪嘉伟在室内排球中的创新动作。气排球比赛中"空间差"进攻打法尚有很大的发展潜力，如能与"位置差"等打法结合起来运用，如错位后加"前飞""背飞"等，还可以进一步丰富"空间差"的战术打法，增强"空间差"进攻的效果。

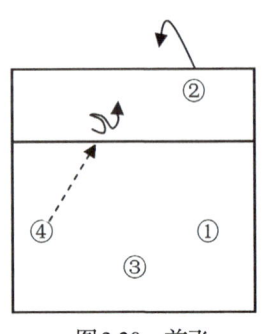

图3.20　前飞

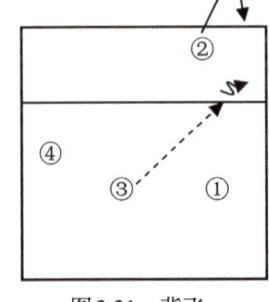

图3.21　背飞

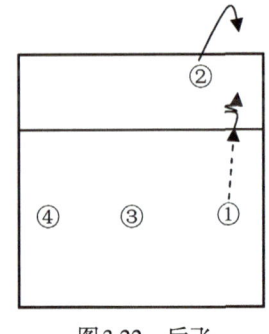

图3.22　后飞

前飞：队员在扣短平快的起跳点上起跳（限制线后）佯扣短平快，利用向前冲跳的惯性，使身体在空中水平位移到二传队员附近，扣近体半高球（图3.20）。

背飞：队员在二传队员体侧、近体快起跳点上起跳（限制线后）佯扣近体快球，利用向前冲跳的惯性，空中位移到二传队员背后1～2米之间扣半高球（图3.21）。

后飞：扣球队员在2号位佯扣背溜或短平快，起跳后向3号位"飞起"扣背快球（图3.22）

拉三：扣球队员在3号位佯扣近体快球，踏跳时向左侧冲跳，利用空中位移追扣二传队员向3号位传出的短平快球，以达到避开对方拦网的目的（图3.23）。

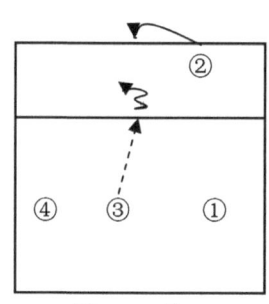 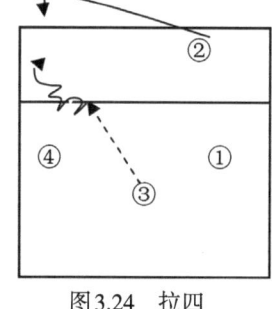 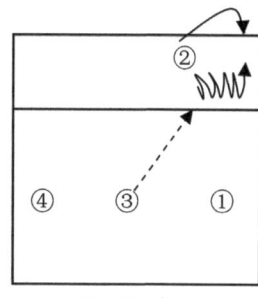

图3.23　拉三　　　　　图3.24　拉四　　　　　图3.25　拉二

拉四：扣球队员在短平快起跳点佯扣，踏跳时向左侧冲跳，利用空中位移，追扣二传队员传向4号位之间的拉开球（图3.24）。

拉二：扣球队员在扣背快起跳点上突然向右侧冲跳，追扣二传背后的拉开球（图3.25）。

（3）快球掩护进攻（两人以上）。

气排球比赛中利用各种快球吸引对方拦网，然后给其他队员创造一打一或空网扣球进攻，称为快球掩护进攻。在快球掩护下，其他队员可以进行各种形式的跑动进攻，能起到出其不意、攻其不备、集中兵力、以多打少、避实就虚的作用。随着排球运动的发展，掩护的方法越来越多，已从单人掩护发展到多人掩护，从前排掩护发展到后排队员掩护。

快攻是气排球比赛中重要的进攻武器，快攻质量的好坏直接影响着掩护效果。就这个意义上说，快球掩护进攻中，快球是第一位的。快球掩护进攻虽然以各种扣球吸引对方拦网，以掩护其他队员的跑动进攻，其实二者是相互掩护的，其他队员的跑动，同样能吸引对方的拦网，以利于快球进攻的实施。

在快球掩护进攻中，主要有交叉进攻、梯次进攻、夹塞进攻、双快或三快进攻和双快一跑动进攻等多种打法。

① 交叉进攻。交叉进攻是两名队员跑动进攻，助跑路线有相互交叉，起到互相掩护的作用，造成局部区域以多打少的局面。交叉进攻使拦网者来不及判断两名跑动的队员中真正的扣球者，故突然性大，攻击性强，用于对付对方的人盯人拦网收

效甚好。运用交叉进攻时，要根据不同的交叉战术，确定相应的一传落点。二传球的高度不宜过高，以免对方补拦。交叉跑动的第一点，扣球队员为快球节奏；第二点，在一传球即将到达二传队员手中时，开始上步为宜（半快球节奏）。起动过早，易被对方识破或影响快球队员的跑动。在交叉进攻中，如定位快球与错位快球结合运用，则变化更多，效果更佳。交叉进攻打法有多种，如：前、后、背、反及假交叉快球掩护进攻。值得注意的是，由于气排球比赛场地相对较小，同时规则规定进攻队员又只能在限制线后起跳进攻，故不特别提倡采用过多的交叉掩护进攻，特别是整体水平较低的队伍就更不宜提倡应用。另外，由于气排球规定队员只能在限制线后起跳进攻，故其交叉过程要在后排完成，同时交叉的队员可以全都是前排队员，也可全都为后排队员，也可前后排队员互相交叉完成。

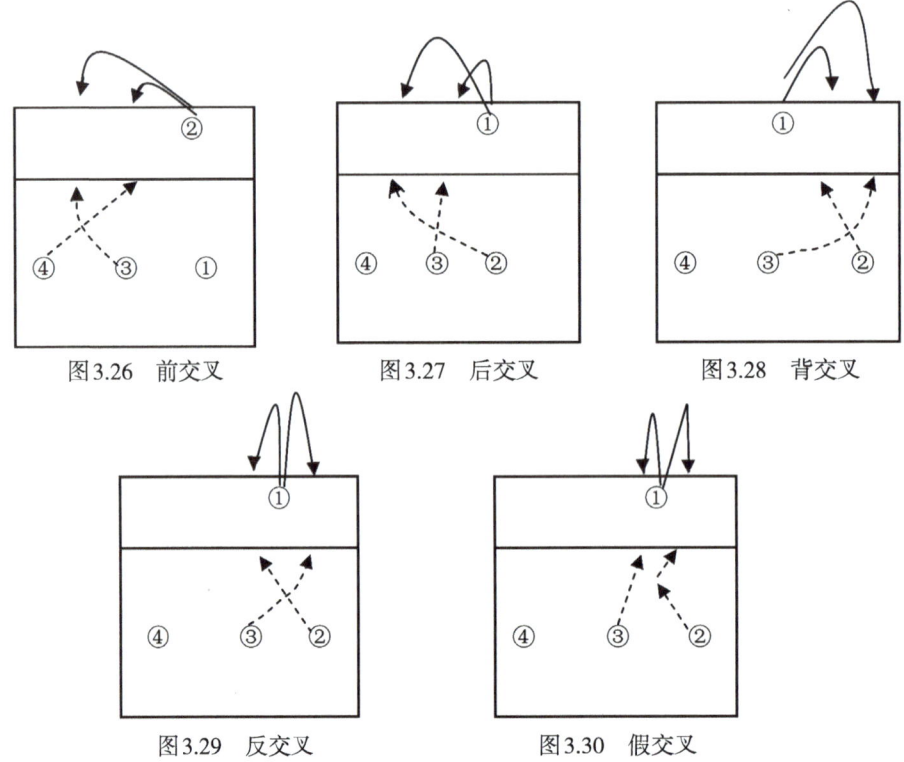

图3.26　前交叉　　　　图3.27　后交叉　　　　图3.28　背交叉

图3.29　反交叉　　　　图3.30　假交叉

前交叉：4号位队员内切做扣近体快球或短平快球掩护，3号位队员跑动到4号位附近扣半高球（图3.26）。

后交叉：3号位队员做扣近体快球掩护，2号位队员跑动到二传队员前面扣半高球（图3.27）。

背交叉：2号位队员做扣二传前面近体快球掩护，3号位队员扣二传队员身后的2号位拉开半高球（图3.28）。

反交叉：3号位队员做扣背快球掩护，2号位队员跑动到二传前面扣半高球（图

3.29）。

假交叉：3号位队员做扣前快球掩护，2号位队员跑动到二传背后（转向无交叉）扣半高球（图3.30）。

②梯次进攻：一队员打快球掩护，另一队员在其身后垂直位置打离网稍远的半高球。这种战术打法主要是利用在同一进攻点上，有两人在不同时间进行扣球，使对方拦网队员难以判断，从而造成在一点上以多打少的有利局面。梯次进攻有多种，如4号位队员跑动至二传队员前面扣近体快球进行掩护，诱使对方拦网，而二传队员将球传给距网稍远一点的3号位队员扣半高球（图3.31）。这要求第一点的进攻队员前冲力要更大些。当然在不同点（限制线后）和不同的队员掩护下，不同的队员打第二点，可以组成若干种梯次进攻。

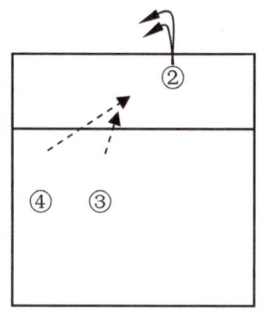 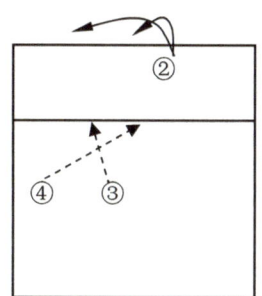

图3.31　梯次进攻　　　　　　图3.32　夹塞进攻

③夹塞进攻：一名队员做扣短平快假动作，吸引对方拦网，二传队员将半高球传至二传队员与扣短平快队员之间，另一名队员突然跑到两人之间进攻，使对方拦网措手不及。由于另一名队员宛如一个塞子，突然塞进二传队员和扣短平快队员之间，故名"夹塞"进攻。3号位队员先扣短平快球，4号位队员突然跑动切入扣半高球（图3.32）。当然在不同点（限制线后）和不同的队员掩护下，不同队员打第二点（塞子），可以组成若干种夹塞进攻。

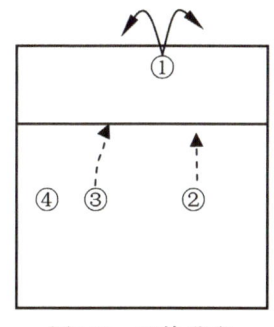 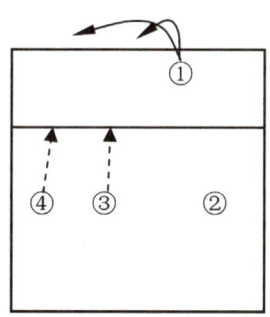 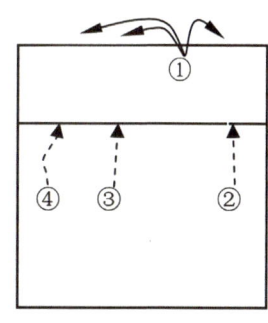

图3.33　双快进攻　　　　图3.34　短平快进攻　　　　图3.35　扣短平快

④双快和三快进攻：限制线后起跳的两个或三个队员在不同地点同时发动快攻（包括快球、半高球等），称之为双快和三快进攻。双快和三快进攻中，由于几名队员在不同地点同时发动进攻，因此能起到相互掩护的作用。双快和三快进攻主要有以下几种：

3号位队员做近体快球进攻，2号位队员做背快球的双快进攻（图3.33）。

3号位队员做近体快球进攻，4号位队员做短平快进攻（图3.34）。

前排三名队员同时进行快攻。如：2号位队员扣背快，3号位队员扣近体快，4号位队员扣短平快（图3.35）。前面介绍的双快和三快进攻可以进行多元化设计，如变化为：一快一半快、一快一高球、一半快一高球等多种进攻战术组合；同样，三快进攻的变化形式就更加丰富。而当一人组织进攻，其他四人都参与进攻时可组成不同层面的立体进攻（图3.36）。

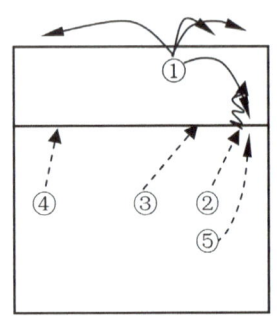 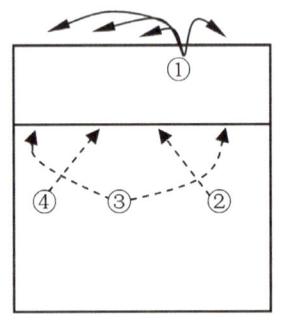 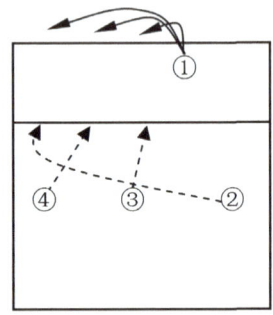

图3.36 立体进攻　　图3.37 "双快一跑动"变化一　　图3.38 "双快一跑动"变化二

⑤"双快一跑动"进攻：在双快的基础上，另一队员选择对方拦网的薄弱区域进行跑动进攻（半高球），这种打法称为"双快一跑动"。"双快一跑动"有多种变化，示例如下：

2号位或4号位队员进行快球进攻，3号位队员可根据对方的拦网情况，跑动到2号或4号位做活点半高球进攻（图3.37）。

3号、4号位队员进行近体快球和短平快进攻，2号位队员跑动到4号位打拉开半高进攻，以破坏对方的人盯人拦网。该跑动由于距离长，因此扣球难度较大（图3.38）。

3. 两次攻及其转移

当一传来球较高，落点在网和限制线中间适当的位置时，队员可以起跳直接扣球。由于该进攻是气排球三次触球机会中的第二次触球，故名"两次攻"，也称两次球或两次进攻。两次球如遇拦网，也可以在空中改扣为传，传球给其他队员进攻，这就是两次攻及其转移。气排球比赛中，两次球可以加快进攻的速度，破坏对方的节奏，具有较大的突然性。由于两次球必将吸引对方拦网，因此两次球转移也能迷感对方。两次扣球是在快攻基础上的拓展,进一步加快了进攻的速度,破坏对方的节奏,打乱对方的布防。跳传转移又可以给同伴创造更有利的进攻机会。

运用两次球进攻时,要求一传稳准地传到前排适当位置,进攻队员要有原地起跳扣调整球的能力。室内六人排球中,一般二传队员靠网较近,便于运用两次球进攻,能起到最佳效果。但气排球进攻者必须在限制线后起跳,因而二传在前排附近,不便于两次球进攻。一传的出球路线应与球网形成较小夹角,且传出球的弧度应稍高为远网高球,速度应稍慢。除二传以外的进攻者可以运用跳传转移,但跳传队员只有具有进攻能力,才能吸引对方的拦网,应根据对方拦网的实际情况,作出扣或传的决定;跳传可以原地起跳,也可以助跑起跳,助跑距离以一两步为宜;跳传队员起跳要适时,过早的起跳会导致身体跳起下降时传球,从而影响传球的力度和准确性;当然,扣两次球的假动作应该逼真,否则会影响跳传转移的实际效果。

两次攻中的跳传转移主要有以下几种变化:

①短传转移。5号位队员一传,2号位队员跳传低球转移给相邻的队员,3号位队员实施进攻(图3.39)。

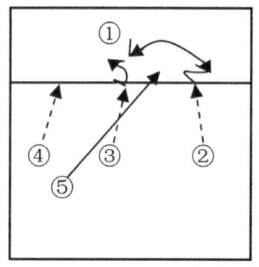 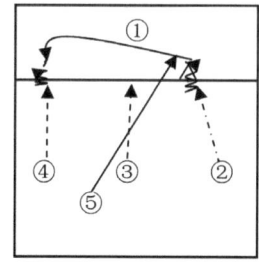 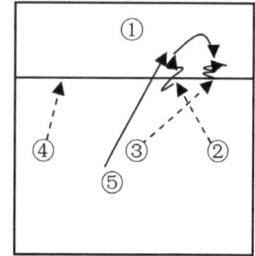

图3.39 短传转移　　　图3.40 长传转移　　　图3.41 围绕转移

②长传转移。5号位队员一传后,2号位队员跳起长传给4号位队员扣球(图3.40)。

③围绕转移。5号位队员一传后,2号位队员跳起背传低球转移给绕到身后的3号位队员扣球(图3.41)。

二 气排球集体防守战术

(一)气排球接发球阵型

1. 气排球接发球及其阵型

接发球是气排球进攻的基础,也是由守转攻的转折点,如果没有可靠的一传作保证,就难以组织有效的进攻,甚至会造成直接失分。

各队发球攻击性的提高,给接发球及其进攻带来了一定的难度,因此,加强接发球能力的训练,提高气排球接发球及其进攻水平就显得尤为重要。

（1）气排球接发球的基本要求。

①正确判断。

气排球接发球的质量很大程度上取决于能否进行正确的判断。接发球时，队员的注意力高度集中，充分做好接发球的准备，根据对方的发球动作、性能、力量及速度做出正确的判断，及时移动取位，对准来球路线，运用合理的接发球技术将球处理给二传队员。

"远飘、轻飘点分散，平快、大力一条线"。这是比赛中发球落点变化的一般规律，队员可以根据临场对手发球落点的不同，采取相应的行动。

②合理取位。

气排球组成接发球阵型时，应以前排靠近边线的队员为基准取位，同列队员之间不要重叠站位，同排队员之间保持适当的距离，以免相互影响。根据射出角的原理，快速有力的平直球发不到A、B、C三区。所以，取位时不要站在这三个区域内，2、4号位队员的取位距边线1米左右即可（图3.42）。

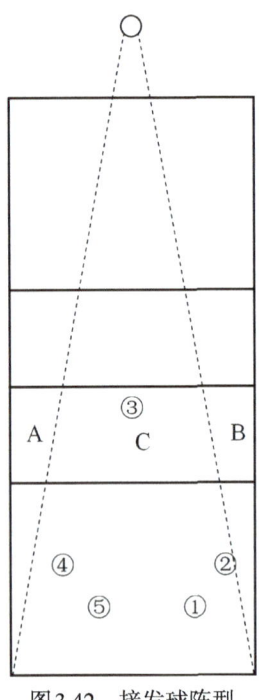

图3.42 接发球阵型

③明确分工与配合。

气排球接发球时，每一个接发球队员都应明确接发球防守的范围。划分范围不仅是平面的，还应根据来球的弧度高低进行立体空间划分。接发球队员之间应既有分工，又有配合，注重整体接发球的实效性，接发球能力好的队员范围可能大些，后排队员接球范围可大些。

（2）气排球接发球阵型及其变化。

气排球接发球是进攻的起点，接发球的目的首先是使球不落入本方，然后为进攻创造有利条件。在选择接发球阵型时，不仅要有利于接球，还要考虑本方所采用的进攻战术及对方发球的特点。

气排球接发球阵型按接发球人数来分，主要有四人接发球（五人制）、三人接发球（五或四人制）、两人接发球（四人制）。

①四人接发球（五人制）阵型及变化。

五人制气排球比赛中，除一名二传队员站在网前或由后排插上队员基本不接发球外，其余四名队员都接发球，这就是四人接发球。四人接发球的优点是每人接一传的范围相对减少，接发球时已站成了基本的进攻阵型，组成进攻比较方便。但缺点是后排插上队员插上移动距离较长；3号位打快攻队员接发球时，不便及时上步快攻；有进攻特长的队员，有时不易换到能发挥特长的位置上去，要在接发球后才能换位，如善于扣4号位的主攻队员在2号位时就不易换到其擅长的位置。

四人接发球主要有以下几种站位：

由于接发球只有4名队员，因此大都采用盆形站位，主要形式如下：

(a)"浅盆"形站位："浅盆"形站位，主要是接对方落点靠后或速度平快的发球（图3.43）。

(b)"一"字形站位："一"字形站位，主要是接对方的跳发球、大力球及平冲球（图3.44）。

(c)"深盆"形站位："深盆"形站位，接发球队员比较均匀地分散在场内，主要是接对方下沉球及长距离飘球（图3.45）。

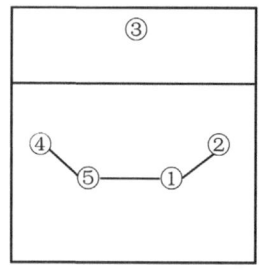 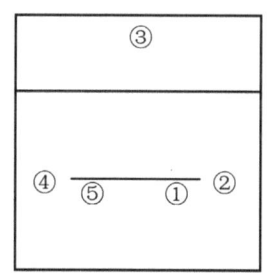 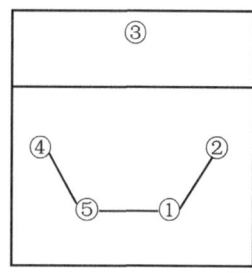

图3.43　"浅盆"形站位　　　图3.44　"一"字形站位　　　图3.45　"深盆"形站位

在这里大家需要特别注意两点：一是由于气排球比赛场地较小，故四人接发球阵型更多的是用"一"字形站位和"浅盆"形站位；二是图示为"中一二"表达方式，"边一二"表达方式只需3号位队员到图中2号位队员位置，2号位队员上提到网前即可。另外当二传不在"中一二"或"边一二"所在位置上时，二传在前排时可在对方发球后通过左右移动到达合理位置，二传在后排时可在对方发球后通过插上移动到达合理位置（前文"中一二""边一二"进攻阵型及其变化上已有表述）。

②三人接发球阵型及变化。

五（四）人制气排球比赛中，除2（1）名队员站在网前或后排插上队员基本不接发球外，其余3名队员都接发球，这就是三人接发球。

(a)三人接发球阵型（五人制）：前排二传（2号位队员）或插上的二传（1、3号位队员）与同列的前排队员均站在网前不接发球，其他3名队员站成弧形承担一传任务的接发球阵型（图3.46、图3.47）。其优点是便于后排插上和不接发球的前排队员及时换位，不易造成队员之间接发球的互相干扰；其缺点是接发球的3名队员要有较高的判断、移动能力和较好的接发球技术；要求不接发球的队员后撤参与进攻的时机把握要准确，与其他队员配合默契。

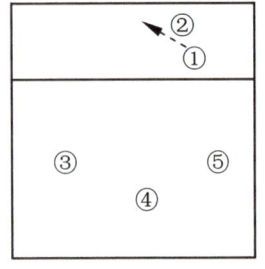 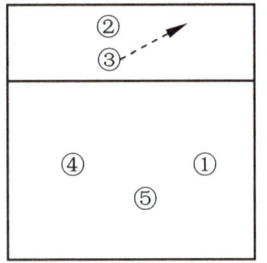

图3.46　五人制三人接发球阵型一　　图3.47　五人制三人接发球阵型二

（b）三人接发球阵型（四人制）：除前排二传（图3.48中②号队员）中或插上二传（图3.49中①号队员）之外，其他3名队员站成弧形承担一传任务的接发球阵型。三人接发球阵型的优点是不易造成队员之间接发球的互相干扰，但每人负责的区域较大，对队员的判断、移动等能力要求较高。

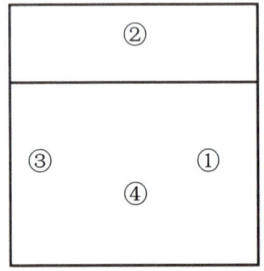 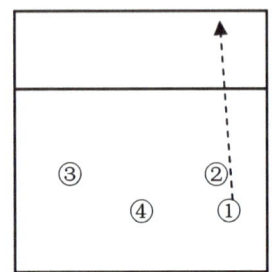

图3.48　四人制三人接发球阵型一　　图3.49　四人制三人接发球阵型二

③两人接发球阵型及变化。

气排球两人接发球是由一传水平最高的队员接发球，其优点是保证一传的到位率，能更好地发挥进攻威力；但对接发球队员的要求更高。这种站位方法多用于较高水平的队（图3.50①号队员为二传、图3.51④号队员为二传）。

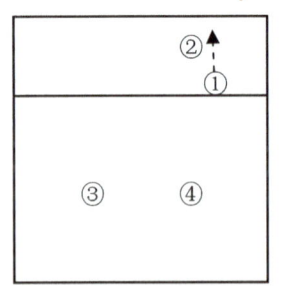 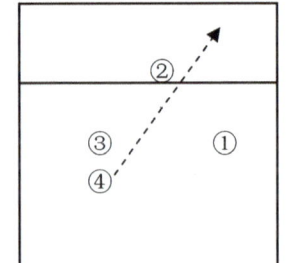

图3.50　四人制二人接发球阵型一　　图3.51　四人制二人接发球阵型二

（二）气排球接扣球及其阵型

接扣球防守阵型由前排拦网与后排防守两个环节组合而成。其中拦网是第一道防线，后排防守是第二道防线。组织接扣球防守阵型时，首先要针对对方进攻的特点和变化进行部署；其次要充分发挥本方队员的特长，合理地分配力量。同时还要结合本方防守后反攻战术的打法进行布防。

1. 拦网的基本要求

拦网分为单人和集体两种形式，集体拦网必须建立在单人拦网技战术的基础上（单人拦网在前文已述）才能更好地发挥威力。这里重点介绍集体拦网的基本要求。

（1）集体拦网时，要确定拦网的主拦队员，如拦对方两翼进攻，本方分别以2号、4号位队员为主拦，其他队员密切协同配合。

（2）起跳时，相互之间要保持一定的间隔距离，并控制好身体重心，避免互相干扰或冲撞。气排球网较低，拦网手尽量高过球网，注意不要触网。

（3）拦网时，尽可能扩大拦阻面，但拦网队员手与手之间的距离不能太大，以免漏球。

2. 后排防守基本要求

后排防守是第二道防线，是减少失分的最后一道防线和争取反攻得分的基础。虽然现在的拦网技术有了很大的提高，但仍有很多球突破拦网后进入本方场区，成功的后排防守不仅争取了得分机会，还能鼓舞士气。

后排防守要与前排拦网密切配合，相互补救。一般来讲，拦网队员应封住对方的主要进攻线路，后排防守队员的主要任务是防对方的次要路线、吊球和触拦网队员手的球。

如图3.52所示（气排球五人制比赛），前排拦网队员已封住对方的中路进攻，1号位队员取位防直线，4号位队员后撤与5号位队员侧重防斜线。

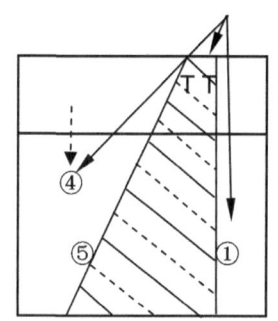 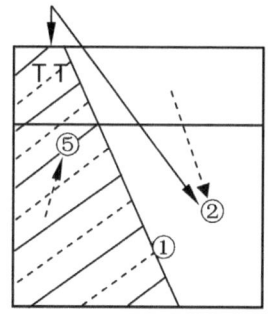 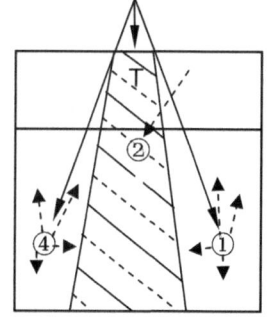

图3.52　五人制后排防守图示一　　图3.53　五人制后排防守图示二　　图3.54　四人制后排防守图示

再如图3.53所示（气排球五人制比赛），前排拦网队员已封住对方的直线及中路进攻，5号位队员前移防吊球，1号位队员与后撤的2号位队员侧重防斜线。

又如图3.54所示（气排球四人制比赛），前排单人拦网封住对方的中路进攻，2号位队员后撤防吊球，1号、4号位队员取位进行两侧多角度移动防守。

此外，由于每名防守队员判断取位或垫击时都可能出现错误，防起球的飞行方向也不规律，场上其他队员都应采取补救措施，做好向各个方向移动的准备（图3.54）。

3. 接扣球防守阵型

气排球比赛中的防守阵型是拦网与后排防守的综合体，队员要密切配合，否则就不可能有理想的整体防守效果。组织接扣球防守阵型，应针对对方进攻的特点和变化进行部署，充分发挥本方每个队员的特长。

根据前排拦网队员的多少，接扣球防守阵型可分为无人拦网、单人拦网、双人拦网和三人拦网下的防守阵型。每个队必须熟练掌握运用各种防守阵型，才能适应比赛的需要。

（1）无人拦网下的防守阵型。

气排球比赛无人拦网下的防守阵型是一种最原始、最简单的防守阵型，适用于初学者。其站位方法与前述的四人或三人接发球的站位基本相同，即二传站在网前，其他队员分工参与防守。

（2）单人拦网时的防守阵型。

气排球比赛中，当对方技术水平一般、进攻能力较弱或对方战术多变，无法组织集体拦网时，可采用单人拦网下的防守战术。单人拦网的优点是增加了后防人数，便于组织进攻。但由于气排球比赛场地相对较小，一般单人拦网时由一名前排队员在拦网者身后负责前排防吊，其他队员应下撤参与防守三条（五人制见图3.55、图3.56、图3.57）或两条（四人制见图3.58、图3.59、图3.60）扣球易通过线路。

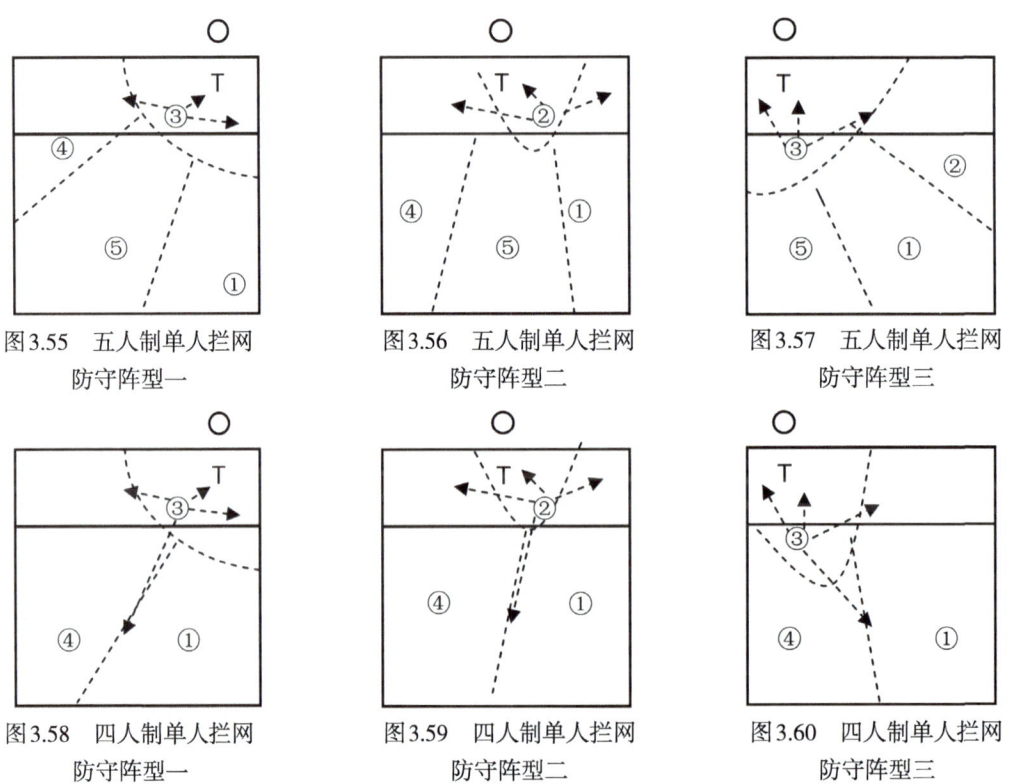

图3.55　五人制单人拦网防守阵型一　　图3.56　五人制单人拦网防守阵型二　　图3.57　五人制单人拦网防守阵型三

图3.58　四人制单人拦网防守阵型一　　图3.59　四人制单人拦网防守阵型二　　图3.60　四人制单人拦网防守阵型三

（3）双人拦网下的防守阵型。

当对方进攻威力较大，进攻路线变化较多，单人拦网不足以阻拦对方进攻时，多采用双人拦网防守阵型。它是接扣球防守中最主要的战术阵型。根据参赛人数的不同、后排队员跟进防守的情况不同和前排不拦网队员的不同取位，双人拦网下的防守阵型可分为以下几种：

①五人制双人拦网下的防守阵型。根据对手进攻点的不同，3号位队员配合两边的前排队员进行双人拦网，另一名前排队员后撤与两名后排队员组成防守阵型（图3.61、图3.62、图3.63）。

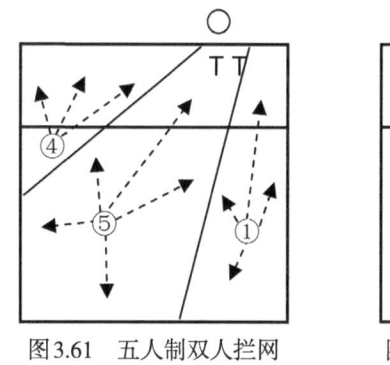 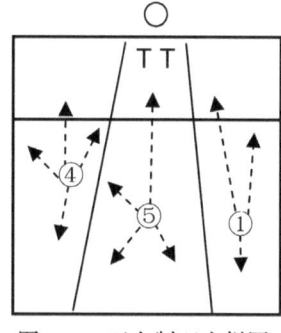 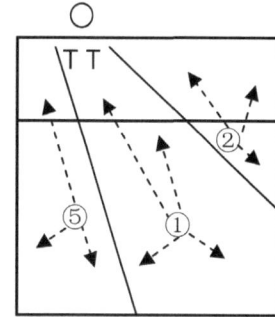

图3.61　五人制双人拦网防守阵型一　　图3.62　五人制双人拦网防守阵型二　　图3.63　五人制双人拦网防守阵型三

②四人制双人拦网下的防守阵型。根据对手进攻点的不同，2名前排队员进行双人拦网，后排2名队员组成防守阵型（图3.64、图3.65、图3.66）。

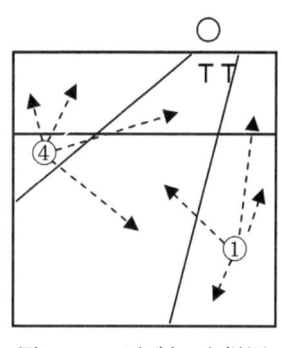 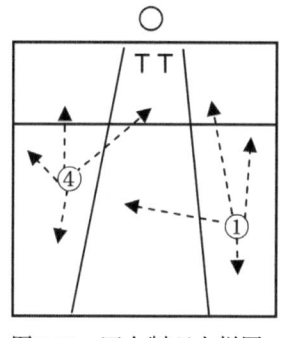 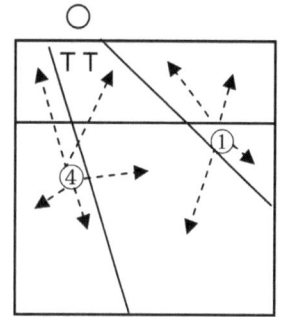

图3.64　四人制双人拦网防守阵型一　　图3.65　四人制双人拦网防守阵型二　　图3.66　四人制双人拦网防守阵型三

（4）三人拦网下的防守阵型（五人制）。

只有五人制气排球比赛才能组成三人拦网。三人拦网防守阵型在对方扣球攻击性强、线路变化多、吊球少的情况下采用。三人拦网加强了第一道防线，但增加了后排防守的难度，对组织反攻也有所不便。根据对手进攻点的不同，前排3名队员组成三人拦网，2名后排队员组成防守阵型（图3.67、图3.68、图3.69）。

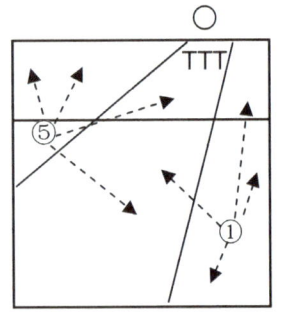
图3.67 三人拦网防守阵型一
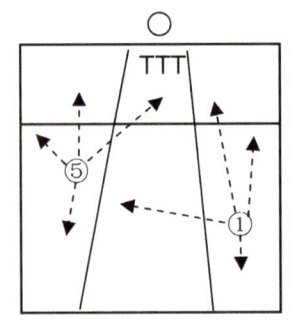
图3.68 三人拦网防守阵型二
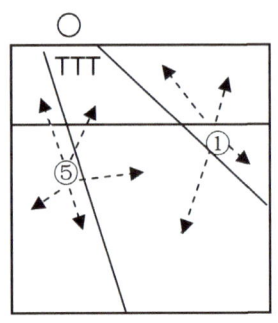
图3.69 三人拦网防守阵型三

（三）接拦回球不同阵型

1. 四人接拦回球阵型及站位（五人制）

四人接拦回球一般采用"二二"站位。

示例一：当二传队员将球传给4号位队员扣球，本方由3号位和5号位队员组成第一道防线，2号位和1号位队员组成第二道防线（图3.70）。

示例二：当二传队员将球传给3号位队员扣球，本方由4号位和2号位队员组成第一道防线，5号位和1号位队员组成第二道防线（图3.71）。

示例三：当二传队员将球传给2号位队员进行扣球，本方由3号位和1号位队员组成第一道防线，4号位和5号位队员组成第二道防线（图3.72）。

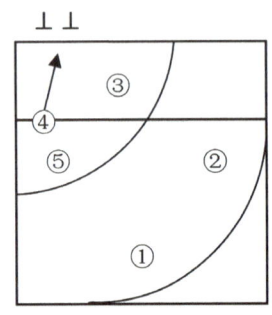
图3.70 四人接拦回球阵型一
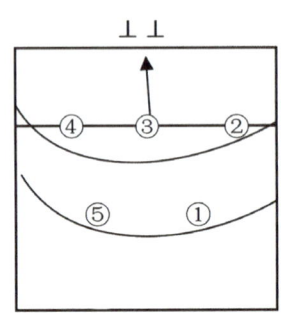
图3.71 四人接拦回球阵型二
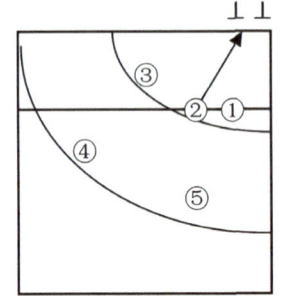
图3.72 四人接拦回球阵型三

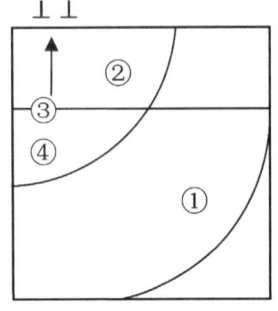
图3.73 三人接拦回球阵型一
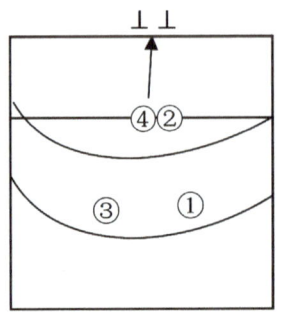
图3.74 三人接拦回球阵型二
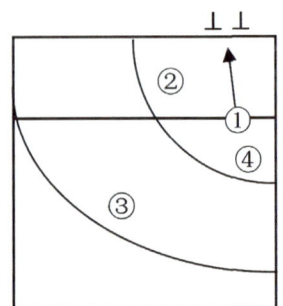
图3.75 三人接拦回球阵型三

2. 三人接拦回球阵型及站位（四人制）

三人接拦回球一般采用"二一"或"一二"站位。

示例一：当二传队员传球给3号位队员进攻，则本方由2号、4号位队员组成第一道防线，1号位队员组成第二道防线（图3.73）。

示例二：当二传队员传球给4号位队员进攻，则本方由2号位队员组成第一道防线，1号、3号位队员组成第二道防线（图3.74）。

示例三：当二传队员传球给1号位队员进攻，则本方由2号、4号位队员组成第一道防线，3号位队员组成第二道防线（图3.75）。

（四）接传、垫球阵型

当进攻队第三次无法组织有效进攻时，一般可将球调整到中场附近，因高度限制不能扣球时，采用上手或下手平传或垫过网的方法，本方队员应提前做出预判，后排二传要及时插到网前，前排队员确认不需要拦网后迅速后撤或换位，以便于防守反击，站成四人或三人接球阵型。抓住这种机会球，尽量组织多点进攻战术。接对方传、垫过网的球，根据其运用的时机、条件以及来球性能的差异，可采用前述四人、三人接球阵型。

第五节　气排球战术系统

气排球的战术系统是进攻和防守及打法的组合运用。气排球运动中的进攻与防守是一对贯穿始终的矛盾，气排球比赛的特点之一是攻防转换快，因此，在气排球比赛的实战中，进攻和防守的打法一般都是组合运用的。我国排球界的专家、教练员在长期的教学训练实践中，根据实战中进攻和防守打法组合运用的规律，总结了比赛中对方来球的不同方式，将排球战术系统分为接发球及其进攻、接扣球及其进攻、接拦回球及其进攻、接传垫球及其进攻（排球界俗称"四攻"系统）。我们认为这个竞技排球的战术系统同样适用于气排球运动。

一 气排球的攻防转换

进攻和防守是气排球技术中的两大主要环节。进攻是得分的主要手段，加强进攻可以破坏和削弱对方的进攻，从而减轻本方防守的压力，争取比赛的主动权。而防守不仅是减少失分的一个重要环节，也是得分的前提和基础。气排球比赛中攻防转换很快。扣球进攻的最后一击，就是从防守开始的，而防守后马上又可转入进攻；即便是发球——本质上的第一次进攻，所有队员应该从防守接发球开始组织进攻，

每一次进攻——除发球外——都是在防守基础上进行的。如：接发球进攻是在防起对方发球后进行的；接扣球进攻是在防起对方扣球后才能组织。因此，对气排球比赛整体而言，进攻战术和防守战术都不是孤立的，而是你中有我，我中有你，进攻后应马上转入防守，防守起球后应马上转入进攻。

三 气排球的战术系统

（一）接发球及其进攻系统（一攻）

气排球接发球及其进攻系统是指在接起对方发球后组织的进攻。我国排球界俗称为"一攻"系统。

（二）接扣球及其进攻系统（防反）

接扣球及其进攻系统是指在球网上空直接拦击对方各种进攻和防起对方扣或吊过来的各种球后组成的进攻，俗称"反攻"系统。

（三）接拦回球及其进攻系统（保攻）

接拦回球及其进攻系统是指接起被对方拦回的球所组成的进攻，俗称"保攻"系统。气排球比赛中，本方扣球被对方拦回是经常出现的，若能接好拦回球并组织高效进攻，就能变被动为主动。因此，要加强保护意识，掌握多种接球技术和阵型是必要的。

（四）接传、垫球及其进攻系统（推攻）

接对方传、垫过来的球及其进攻系统是指接对方采用传球、垫球等形式击过来的球后所组成的进攻，俗称"推攻"系统。对方一般在配合失误或无法组织进攻时才会将球传、垫过网。初学者在比赛中出现将球传、垫过网的情况特别多，这往往是得分的极好机会，必须认真接好来球组织进攻。

上述四个战术系统中，除"一攻"外，其余三种又被统称为"防反"。

第六节　气排球战术教学与训练

一 战术教学方法

气排球战术教学是培养队员机智、灵活、创造性地运用气排球技术的教学过程。

在气排球战术教学中应根据学习对象的技战术水平、体能等实际情况，对教学内容及方法加以选择。常用的教学方法有：

（一）直观教学的方法

充分利用气排球战术图（板）、沙盘、电化教学（视频录像）及场上队员的实际演示等方法，以建立正确的战术概念。

（二）分段与串联相结合的教学方法

利用气排球进攻与防守战术的不同组合，划分为若干段，待队员基本掌握教学内容后，进行串联练习，如定点进攻与防起球后定点进攻相结合，又如一攻训练及防反训练等。

（三）二传与攻手相结合的教学方法

二传是全队实现气排球战术的核心，二传与攻手配合默契是气排球战术配合的关键。气排球战术教学二传（理应）在先，在此基础上，强化二传与攻手的配合。在这里需要强调的是，气排球和普通排球相比直径长、球体轻飘、晃动性强，传球难度大，同时气排球规则规定扣球必须在2米限制线后起跳，且球网较低，故二传站位不要太靠近球网，传出的球离网1米左右，一般也不宜传太高太远的球（较难控制）。

（四）低难度与高标准相结合的教学方法

在学习高难度气排球战术时，可适当降低难度，待队员之间的配合基本熟练后，再高标准，严要求。如从低网练习过渡到标准或高网练习，等等。

（五）练习与比赛相结合的教学方法

气排球比赛可以调动运动员学习的积极性，通过气排球比赛检验教学效果，巩固气排球教学成果，并可及时发现问题，进一步改进教学，从而不断提高气排球战术水平。

二 教学顺序

战术教学中的战术意识培养必须贯穿始终，本着"先攻后防，先易后难，逐步提高"的原则，先学习"中一二"进攻，后学习"边一二"和"插上"等进攻组织阵型，然后学习进攻打法；进攻战术学完后，再学习防守战术（一般先学接发球阵型，再学双人拦网及跟进等防守阵型及打法），在此基础上发展各种高、难、新的打法。要注意进攻与防守阵型之间的衔接和组合练习，切忌攻防脱离。

三 基本进攻阵型的教学

（一）基本要求

1. "中一二"：二传队员具有传正面一般球和背传一般球的能力，进攻队员应基本掌握2号、4号位的正面扣球技术。

2. "边一二"：二传队员具备传快球和拉开球的能力，3号位队员会扣近体快球（冲跳），4号位队员具有扣拉开球的能力（冲跳）。

3. "插上"：插上的二传队员有较强的移动能力，具备传快球、拉开球和背传的能力，3号位队员会扣近体快球（冲跳），4号位队员具有扣拉开球的能力，2号位队员能扣二传的背传球（冲跳）。

4. 场上队员有一定的接发球和接扣球的能力。

（二）教学步骤

1. 基本阵型练习

在基本掌握轮转顺序后可进行"中一二"进攻阵型练习：教练员在1号、5号位中间抛球，3号位队员分别把球传给2号、4号位队员进攻。队员的跑位、扣球熟练后，可采用隔网抛球、专人在1号或5号位垫球给3号位传球的方法，并逐步提高难度，最后可过渡到二传从不同位置移动3号位的传球练习。

"边一二"进攻阵型练习：教练员在5号位抛球，2号位队员分别把球传给3号位队员扣近体快球，4号位队员拉开进攻。队员的跑位、扣球熟练后，可采用隔网抛球、专人在5号位垫球给2号位传球的方法，并逐步提高难度，最后过渡到从不同位置（二传）移动到2号位传球的练习。

"插上"进攻阵型练习：教练员在1号、5号位中间抛球，1号位队员插上在2号、3号位间分别把球传给3号位队员扣近体快球或半快球，4号位队员拉开进攻，2号位队员在2号位一般球进攻。队员的跑位、扣球熟练后，可采用隔网抛球、专人在5号位垫球到插上位再由插上队员传球的方法，并逐步提高难度（也可变换5号位队员插上二传练习）。

2. 结合接发球练习

教练员隔网抛球，逐渐过渡到隔网近距离发球，再过渡到发球线路变化发球；抛球和近距离发球的距离、位置及速度可以灵活多变，发球线路和发球的位置及速度也可灵活多变；使接发球的难度逐渐加大，提高接发球及其进攻的难度。

前排"中一二"站位，后排队员垫球，2号位队员扣前快或半高球，4号、5号位队员扣一般球或半高球。

前排"边一二"站位，后排队员垫球，4号、1号位队员扣半高球，3号位队员跑动到4号位扣一般球。

前排"中一二"站位，5号位（或1号位）队员接发球，3号位队员传球，1号、2号、4号位队员扣一般球或半高球。

前排"边一二"站位，5号位（或1号位）队员接发球，3号位队员扣快球，4号位队员扣一般球，1号位（或5号位）队员可进行半高球进攻。

后排1号位插上，5号位队员接发球，3号位队员扣快球，4号位队员扣一般球，2号位队员扣2号位一般球。

3. 结合接扣球练习

教练员可在场边左侧或右侧抛球，逐步过渡到扣球，再过渡到4号位或2号位高台扣球，以提高队员的气排球接扣球防守能力。

5号位队员防守，防起球后，以"中一二"（或"边一二"，或行进中插上）进攻阵型二传进行传球，2号、4号位队员扣一般球，1号、5号位队员可进行一般或半高球进攻。

对方4号位高台扣球，本方双人拦网，其他队员参与防守及进攻。

4. 结合接拦回球练习

教练员可站在高台上掷模拟的各种拦回球，场上队员各负其责，力争将球防起组织进攻。

固定队员组织双人拦网，场上队员分工配合，力争将拦回球防起并组织进攻。

5. 结合后排插上练习

教练员在本方5号位抛球，1号位队员插上到前排2号、3号位之间，把球传给2号、3号、4号位队员一般高球或半高球进攻。

教练员隔网抛球，1号位队员插上，把球传给2号、3号、4号、5号位队员进攻。

四 战术练习方法示例

（一）接发球及其进攻的练习（一攻）

接发球及其进攻，主要包括接发球、二传、扣球等技术环节。

1. 发球—接发球练习

短距离一发一接：3人一组，1人发低平球，1人接发球，相距5~7米，另一人递球；发球的速度由慢到快，到位10~20个球后，3人互换。

三发三接比赛：场地纵向一分为二，分成A侧和B侧；5人一组，一组在A侧，一组在B侧，比赛哪一组先完成16个接发球到位。每组分别有3人站于发球区发球，

另2人接发球，两侧同时进行。完成到位16个球后，发接双方互换。接发球连续失误两个，扣除一个到位球。

发—接对抗：1人发球，4人接发球，两边同时进行，到位5~10个球转一轮。可根据本队的战术需要，选择4人接发球或3人、2人接发球都可以。

2. 发—接—传（调整）练习

二发二接一调：2人在发球区轮流发球，其他队员2人一组轮流进场接发球，一人接起发球，另一人做调整传球，把球传到4号位、2号位或3号位。

一发三接一调：全队分成3组，4人一组。每组一人在发球区发球，3人接发球，一人接起发球，其他2人努力争取调整传球，把球传到4号位或3号位。场地两边进行对抗，另一组捡球。先传出10个好球的组胜出，继续在场上练习，另一组下场捡球，原先捡球的一组进场练习。

接—发—调串联练习：为了增加接发球的难度，教练员或队员站在对区后场的高台上发球，3个队员分别站2号、3号和4号位，两人接发球，不接发球的队员模拟插上传球。

3. 发—接—调—扣练习

一发一接一传一扣：发球队员在对方发球区发球，本区3号位专人二传，4号位队员接发球后扣一般球。

二发二接一传一扣：2人发球区轮流发球，1人固定做二传传球，2人接发球后直线扣球，可两边同时进行。

3人一组接发球进攻：教练员或队员在对区发球区发球，本区3人一组接发球进攻，组织有效进攻，继续接发球进攻，若无效进攻或失误则换下一组。

三接一传三扣：1人专门二传，3人一组接发球，若一传到位，可组织各种快速多变的战术。

二发二接一传三扣：2人分别在对区发球区发球，本区1号位、5号位2人一组轮流接发球，1人专门二传，组织在2号、3号、4号位的队员进行战术进攻。

四人接发球进攻：教练员在对方发球区发球，本区4人接发球，1号位队员插上到2号、3号位间组织二传，其他队员进攻。

保质、保量的接发球进攻练习：教练员在对方发球区或高台上发球，根据本队的接发球的能力及战术需要，采用4人、3人、2人接发球阵型，组织战术进攻。在练习过程中对进攻的质量和数量提出相应要求。

（二）接扣球及其进攻的练习（防反）

接扣球及其进攻，主要包括拦网、防守、二传、扣球等技术环节。

1. 扣—防练习

三人连续专位防守：教练员在地面或高台上向指定区域扣球或吊球，3人轮流在一个固定后排位置，连续防守10～20个好球为一组。

二扣三防：教练员在2号、4号位网前扣球或吊球，3人一组在2号、3号、4号位（或1号、3号、5号）防守及接应，计时或定额计数轮换。

三人一组防重扣：对方2号、4号位分别进行远网扣球，本区3人一组，2号、3号、4号位（或1号、3号、5号）防守10～15个好球为一组。

三扣三防：教练员在对区进攻线前将球分别抛给2号、3号、4号位队员扣球，本区3人一组防守，防起10个好球后攻防互换。

2. 防—调练习

三人连续防调：教练员在网前扣球或吊球，队员在1号、3号、5号位防起球后，由离球最近的队员将球调整给教练员。也可配一名专门调整的二传。

两人防调：教练员站在高台上扣球或吊球，2人一组从端线起动进场内防守，一人防起球后，另一人将球调整到2号位或4号位。

两人一组内撤防调：2人一组，1人在4号位网前，1人在1号位；教练员在3号位隔网吊球，4号位队员拦网后迅速下撤防吊球，1号位队员上前将防起的球调整到2号位或4号位。

三人一组防调：两名教练员分别站在2号、4号位高台上扣球或吊球，队员3人一组从端线起动进场内防守，防起球后将球调整到2号位或4号位。防调5个好球换下一组。

3. 调—扣练习

一调一扣：队员分别在1号、5号、2号和4号位排队，教练员在本区3号位向进攻线附近抛球，1号、5号位队员迅速移动，将球传给2号、4号位队员扣球（五人制）。

内撤调扣：队员分别在2号、4号位排队，教练员在本区3号位后区向中场附近抛球，2号位队员拦网后迅速移动内撤，将球传给4号位队员扣球。

4. 防—调—扣练习

三人一组防调扣：教练员隔网高台扣球，3人一组防调扣。每组成功扣10个好球换下一组，也可计时比赛看哪一组在规定时间内成功扣球的数量较多。

三防一调进攻：教练员在高台上或网前扣球，网前设二传一名，3人一组积极防守，防起球到位组成快攻战术，不到位可进行调整进攻。

三人一组连续防调扣：教练员在高台上扣球，3人一组防调扣成功，可以连续进行，有一个环节失误则换另一组。如果不能进攻，但未造成失误，可再给一次机会，连续两次无进攻则换组。

四对四攻防比赛：教练员在场边向场内扣球或吊球，场上采用"中一二""边

一二"阵型,固定二传组织前后排进攻。定时计数或设定规定分数进行4对4比赛。

5. 拦—防—调—扣练习

一拦三防调扣:教练员隔网在4号位或2号位高台扣球,1人拦网,其他3人进行防、调、扣串连练习。

二拦三防调扣:教练员隔网在4号位或2号位高台扣球,2人拦网,其他3人防起后调、扣,拦网队员要积极后撤参与调、扣。教练员可有意识地扣直线、斜线或打拦网队员手,以增加拦网和防守的难度。

五对五攻防比赛:双方各出5名队员,教练员在场边供球,进攻成功的一方继续接发球进攻,对方防反成功则换接发球进攻。

6. 扣—拦对抗练习

"人盯人"扣、拦练习:可进行4号位和2号位扣一般球的单人"人盯人"扣、拦练习,也可进行3号位及其他快攻的扣、拦练习。扣球队员力争突破拦网,可采用定量或定时交换扣、拦。

三对三连续扣拦:由教练员先供球给进攻一方,组成各种进攻,对方3人配合拦网,若扣球成功继续扣球;若拦网成功,则扣、拦互换。

(三)接拦回球及其进攻的练习(保攻)

接拦回球及其进攻主要包括保护—调整—扣球等技术环节。

1. 保护练习

自我保护:自抛自扣,对方单人拦网,扣球完成后立即进行自我保护。扣球的力量由轻到重,逐渐增加难度。

拦—保练习:教练员在4号位隔网向网上沿掷球,对方双人拦网,本方两名队员从5号位和3号位撤下进行保护。场地两边可同时进行。

二传队员保护:本方三点进攻,对方拦网。二传队员组织进攻后立即撤下,在进攻线中间参加保护。因为二传队员最了解本方的进攻点,最容易保护成功。教练员也可模仿扣球被拦下进行隔网抛球,要求二传队员传球后撤下保护。

双人拦网下保护:对方两人一组固定在2号、3号和4号位拦网,本方的5或4人由教练员在后排中间抛球,二传队员组织各种进攻后,本方未参与进攻队员参加保护;也可以组织对方3人拦网,以强化保护练习。

2. 保—调—扣练习

模拟拦回球的保攻:4号位队员跳起佯扣,教练员在高台抛模拟拦回球,场上队员积极保护,力争起球组织进攻。2号、3号位队员也可参照进行。

集体拦网下的保攻:2号位队员扣球,对方组成2~3人的集体拦网,可有意识地扣在拦网队员的手上,场上队员积极保护,力争起球组织进攻。也可使3号或4号位队员扣球,以训练对不同区域的进攻保护。

（四）接传、垫球及其进攻的练习（推攻）

接传、垫球进攻主要包括接球、传球、扣球等技术环节。

1. 组织"中一二"进攻

教练员有意识地将球抛向中场或远角附近，2号、4号位队员迅速下撤准备接球或进攻，其他队员主动接球，以保证快攻（限制线后起跳）的组织，同时也可以进行强攻。

2. 组织"边一二"进攻

教练员有意识地将球抛向中场或远角附近，3号、4号位队员迅速下撤准备接球或进攻，2号位队员做好打两次球或传球的准备，其他队员主动接球，以保证快攻（限制线后起跳）的组织，同时也可以进行强攻。

3. 后排插上组织进攻

教练员将球抛向后场或远角附近，2号、3号、4号、5号位队员迅速下撤准备接球或进攻，1号位队员快速插上组织进攻。

（五）模拟比赛的综合练习

1. 以本队战术运用为主的练习

教练员可采用隔网近距离发球或抛球的方法，模拟气排球比赛中可能出现的情况，把球送到不同的区域，场上队员接球后，积极跑动组织各种战术进攻。待队员跑位及组织进攻基本熟练后，逐步增加发球和抛球的难度，以提高运用战术的能力。

2. 适应对方打法为主的练习

模拟对方的不同打法及战术变化，进行针对性的攻防练习，并根据本队的具体情况，制定出相应的措施，以达到克敌制胜的目的。

3. 模拟气排球比赛中不同阶段的练习

根据比赛开局、中局、结局三阶段不同的特点及可能出现的问题，进行针对性练习。

4. 模拟决胜局的练习

强化气排球战术运用的稳定性和实效性，减少失误送分的可能性，提高运动员对气排球决胜局比赛的适应能力。

六 气排球战术教学与训练的注意事项

（1）根据本队的实际情况，选择适宜的战术进行教学与训练，避免华而不实。

（2）气排球战术的教学与训练应遵循由简到繁、由易到难、循序渐进的原则，防止盲目冒进。

（3）采用分解和完整教学法相结合，先攻后防，注意攻防之间的衔接，加强气排球技术与战术的串连练习，防止各环节的脱节。

（4）抓好气排球主要战术教学与训练的同时，加强"小球"等轻技术的练习，提高队员处理各种来球的能力。

（5）在战术教学与训练中，教练员应创造各种战术要求的比赛场景，让气排球战术教学训练与实际比赛密切结合起来。

气排球竞赛组织与临场裁判工作

第一节 气排球竞赛的组织工作

气排球竞赛是宣传普及气排球运动最有效的途径。通过气排球比赛推动群众性体育运动的开展，促进气排球运动技战术水平的提高，有助于气排球参赛队伍间的交流学习；气排球比赛能活跃丰富人民的文化生活，促进社会精神文明建设；目前气排球竞赛在国内的许多企事业单位开展得如火如荼，成为单位文化不可或缺的组成部分，也是这些企业、单位提高自身凝聚力的一个有效手段，相信未来气排球运动可以逐步推广到全世界并受到广泛欢迎。

气排球比赛的规模有大有小，一般气排球比赛的形式有综合性运动会中的气排球比赛项目（如全运会、城市运动会等），联赛（如广东省中国移动、广东省中国联通、广东省中国邮政一年一度的气排球联赛），锦标赛（如广州市国资系统的气排球锦标赛），各种杯赛、邀请赛（如粤港澳三地举办的气排球邀请赛）、选拔赛（广东省高校举办的选拔赛）、表演赛、友谊赛，等等。

组织气排球竞赛和组织竞技排球比赛一样，在鼓励参赛队赛出风格、赛出水平的同时，还必须加强精神文明的宣传与教育，反对不良风气影响赛事。

一 气排球赛前的准备工作

（1）成立组织机构。

成立组织委员会（竞赛委员会），根据气排球竞赛的组织方案确定其规模与形式。基层企业或学校小型竞赛活动的组织机构，可根据具体情况精简。

采用主客场制组织竞赛时，应成立两个层次的组织领导机构。一般联赛组织委员会可包括竞赛部、新闻部、技术监察委员会和纪律委员会。赛区组织委员会可包括办公室、竞赛组、接待组、安保组、医务组、新闻组和财务组。

（2）制定竞赛规程。

竞赛规程是气排球竞赛组织者和参加者的指导性文件，是竞赛工作进行及报名参赛的依据，在竞赛前由主办单位根据竞赛的目的任务制定并提前发放给参赛的相

关单位，以便做好赛前的准备。气排球竞赛规程是竞赛工作的依据，有关竞赛的各项规定、要求、办法必须明确地写入规程。

气排球竞赛规程主要包括：竞赛名称、竞赛日期和地点、参加单位及资格、竞赛办法、录取名次和奖励办法、报名和报到日期地点、裁判员和仲裁委员会（技术代表）选派方法及注意事项等（竞赛规程示例附本节后）。

（3）制订工作计划。

根据职责范围，各处（组）分头制订工作计划，经组织委员会审定后，如期落实并定期检查工作进展情况。各处（组）间，既要分工明确，又要协调配合，认真沟通和对接。

（4）气排球比赛前一些具体工作。

气排球比赛前一些具体工作主要包括拟定大会文件、召开赛区会议、奖励，以及接待、交通、食宿、票务、医务等行政工作。竞赛处根据规程规定和报名队伍的具体情况编排比赛日程，编印气排球比赛秩序册并及时发到各有关单位；负责绘制竞赛用的各种表格；安排好各参赛队赛前对比赛场地的适应性练习的时间和地点；组织一般工作人员培训工作等。裁判委员会（组）组织裁判员和辅助裁判员的业务学习和实习，裁委会主任检查场地和器材落实情况，进行裁判员分组并确定负责人，在裁委会、教练员联席会议上通报比赛中有关执行规则的要求等。宣传处（组）协助组委会召开新闻发布会的筹备工作，让更多的宣传媒体介入赛会进行宣传报道。保卫处（组）根据比赛的需要组织安排一定的警力，确保比赛安全顺利进行。仲裁委员会与组委会共同审查报名队伍和队员的参赛资格，组织仲裁成员学习《仲裁委员会条例》。

（5）召开组委会会议，各处（组）汇报筹备工作情况。

二、气排球竞赛期间的工作

竞赛处（组）要及时登记和公布气排球比赛当天的比赛成绩，同时应经常检查和管理场地器材与设备；遇有特殊情况需要更改比赛场地、日期和时间时，要及时通知各参赛队。裁判委员会（组）要合理安排执哨裁判，及时组织裁判员小结，改进工作，保证气排球比赛顺利进行。保卫处（组）应随时注意与会人员住地及比赛场地的治安工作，特别在大会临近结束时更要加强保卫工作。宣传处（组）组织好宣传报道和体育道德风尚奖的评定工作。仲裁委员会负责复审气排球比赛期间执行规则及竞赛过程中发生的纠纷，对受理的申诉、控告等应及时处理，不影响比赛的正常进行。

三、气排球比赛结束后的工作

竞赛组及时核算气排球比赛成绩，排出名次，交由裁判长宣布。

召开组委会听取气排球比赛工作汇报及意见,决定体育道德风尚奖评选结果,组织闭幕式和发奖仪式,印发成绩册,安排各队及裁判员离会的有关事宜。

第二节 气排球比赛竞赛制度

气排球竞赛制度是参赛的各队间如何进行比赛的方法。选择和确定竞赛方法,应根据比赛的目的任务、竞赛的时间长短、参赛队的多少及场地设备等情况来决定。气排球比赛经常采用的竞赛制度有循环制(单循环、分组循环较多)、淘汰制、混合制等。

一、循环制

循环制是参赛的各队,在整个竞赛或同一小组中彼此都有相遇的机会。这种方法能较合理地确定参赛队的名次,也使各队有较全面的相互交流和学习的机会。循环制又分为单循环、双循环和分组循环三种。

(一)单循环

单循环赛制中,气排球比赛各参赛队在整个竞赛中彼此相遇一次,一般是在参赛队不多、比赛时间充足时采用。

1. 比赛的轮数和场数的计算

比赛轮数:在循环赛区中,各队都参加完一场比赛即为一轮。参赛队数为单数时,比赛轮数等于队数。如7个队参加比赛,则比赛轮数为7轮。参赛队数为双数时,比赛轮数等于队数减1。如8个队参加比赛,则比赛轮数为7轮。

比赛场数:单循环比赛的场数可用下面的公式进行计算:

$$比赛场数 = \frac{队数 \times (队数-1)}{2}$$

如7个或8个队参加比赛,则比赛场数为:

$$\frac{7 \times (7-1)}{2} = 21场 \qquad \frac{8 \times (8-1)}{2} = 28场$$

2. 编排方法(以5队或6队为例)

固定左上角逆时针循环编排法:此方法是基层比赛的常用编排方法,例如:6个队或5个队参加比赛,其循环方法如表4.1所示:

表4.1 循环制编排法（固定左上角逆时针旋转法）

	第一轮	第二轮	第三轮	第四轮	第五轮
6个队	1—6	1—5	1—4	1—3	1—2
	2—5	6—4	5—3	4—2	3—6
	3—4	2—3	6—2	5—6	4—5
5个队	1—0	1—5	1—4	1—3	1—2
	2—5	0—4	5—3	4—2	3—0
	3—4	2—3	0—2	5—0	4—5

3. 编排比赛日程

将代号换成队名，编排比赛日程（表4.2）。编排时尽可能使各队在比赛场地的安排、白天晚上比赛的次数、两次比赛之间的休息时间等机会均等。

表4.2 比赛日程表格式

日期	时间	组别	比赛队
二十六日	10:30	女	广东（深）——（浅）浙江
	14:30	女	福建（深）——（浅）天津
	21:30	男	江苏（深）——（浅）湖北
	14:30	男	山东（深）——（浅）河南
	19:30	男	福建（深）——（浅）广东
	21:30	女	北京（深）——（浅）江苏

4. 比赛成绩记录表（以5队为例，见表4.3）

表4.3 比赛成绩记录表

*					积分	胜A	负B	C值	胜X	负Y	Z值	名次
北京		$\frac{1:2}{1}$	$\frac{2:0}{2}$	$\frac{2:1}{2}$	$\frac{2:1}{2}$	7	7	4	1.75	147	111	1.32	2
天津	$\frac{2:1}{2}$		$\frac{2:1}{2}$	$\frac{2:0}{2}$	$\frac{1:2}{1}$	7	7	4	1.75	147	121	1.22	3
沈阳	$\frac{0:2}{1}$	$\frac{1:2}{1}$		$\frac{2:0}{2}$	$\frac{0:2}{1}$	5							4
江苏	$\frac{1:2}{1}$	$\frac{0:2}{1}$	$\frac{0:2}{1}$		$\frac{0:2}{1}$	4							5
上海	$\frac{1:2}{1}$	$\frac{2:1}{2}$	$\frac{2:0}{2}$	$\frac{2:0}{2}$		7	7	3	2.33				1

（二）双循环

双循环是各参赛队都相遇两次的比赛方法，多在参赛队较少、为了增加各队相互学习和锻炼机会时采用。它比单循环比赛的总场数增加一倍。双循环比赛秩序的编排与单循环相同，比赛成绩表的格式也与单循环相同，只是将记录成绩栏一分为二，上部记第一循环成绩，下部记第二循环成绩。一般是赛完第一循环后，再赛第二循环，最后计算总分与排名。

（三）分组循环

参加气排球比赛的队较多而竞赛时间较短时（一般组织气排球比赛采用此种比赛形式最多），为了比较合理地确定各队名次，可采用分组循环的比赛方法。把参赛队平均分成若干个小组，在各小组内进行单循环比赛。然后根据需要和实际情况，把各组的优胜队或同名次队再进行一次单循环比赛，排出名次。

1. 分组办法

气排球比赛一般根据上届比赛成绩，采用蛇形编排法分组（表4.4）。如16个队分为四组；8个队分为两组。

表4.4　蛇形编排法分组

组别	代号				组别	代号			
一	1	8	9	16	一	1	4	5	8
二	2	7	10	15	二	2	3	6	7
三	3	6	11	14					
四	4	5	12	13					

根据过去的成绩和现在发展的情况，经协商确定种子队，数目一般与组数相同（如16支队时一般将1、2、3、4号定位为种子队）。先用抽签的方法将种子队安排在各组内，然后再一次抽签确定各队在组里的位置。

2. 决赛阶段的比赛方法

决赛阶段的比赛方法有多种，以16个参赛队为例：将预赛各小组同名次的队编为一组进行决赛，预赛各小组的第一名单循环决出1～4名；预赛各小组的第二名单循环决出5～8名；预赛各小组的第三名单循环决出9～12名；预赛各小组的第四名单循环决出13～16名等。或将预赛各小组的第一、第二名划为一组，交叉决出1～8名；将预赛各小组第三、第四名划为一组，交叉决出9～16名。或将预赛各小组前一名或前两名划为一组参加决赛，决出前四名或前八名，其他队不再比赛。或将在预赛中已经相遇的队，决赛不再比赛，将两队在预赛阶段的比赛成绩带入决赛。

（四）单循环制的成绩计算及决定名次方法

（1）每队胜一场得2分，负一场得1分，弃权得0分，积分多者名次前列（表4.3）。

（2）如遇两队或两队以上积分相等，则采用下列办法决定名次：首先看C值，C值高者名次在前，若C值相等再看Z值，Z值高者名次在前。

首先看C值，$\dfrac{A(胜局总数)}{B(负局总数)}=C(值)$，C值高者名次前列。

如果C值仍然相等，则采用下列办法决定名次：

$\dfrac{X(总得分数)}{Y(总失分数)}=Z(值)$，Z值高者名次前列。

如两个队Z值仍相等，应按竞赛规则要求来决定名次。

二 淘汰制

淘汰制就是在比赛中失败一次即退出比赛，获胜者继续比赛，直到最后决出冠亚军为止。淘汰制一般是在参赛队伍较多而举行比赛期限较短时采用。

（一）单淘汰比赛轮数及场数

1. 比赛轮数

如果参加的队数是2的乘方数时，则比赛轮数是以2为底的幂的指数。例如8个队参加比赛为3轮，16个队参加比赛为4轮。

如果参加的队数不是2的乘方数，也就是说参加队数介入两个2的乘方数之间，则轮数是较大的一个以2为底的幂的指数。例如14个队参加比赛，则按16个队的轮数来计算，即为4轮。

2. 比赛场数

单淘汰比赛总场数等于参加队数减1。如8个队参加比赛，共赛7场。

（二）单淘汰比赛秩序表的编排

（1）如果参赛队数是2的乘方数，开始比赛的第一天所有的队都进行比赛，没有轮空队。只要按照参加比赛的队数，每两队编排一组逐步进行淘汰即可。例如8个队参加比赛，即比赛3轮共7场。抽签后，将队名填在秩序册表中（图4.1）。

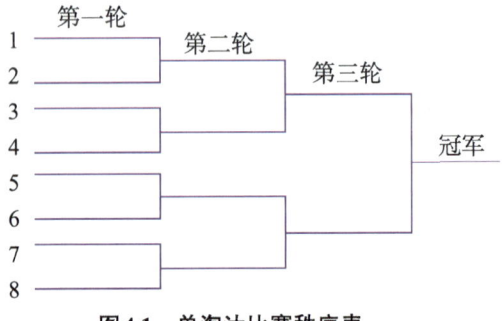

图4.1 单淘汰比赛秩序表

（2）如果参赛队的队数不是2的乘方数时，要根据参加队数，选择接近的、较大的以2为底的幂的指数为号码位置数，号码位置数减去参加队数即为轮空数，例如13个队参加比赛，应选16个号码位置数，有3个队轮空，可以2号、10号、15号为轮空位置号码。第一轮比赛凡与2号、10号、15号队比赛的队即为轮空队。轮空队只能在第一轮比赛中出现，不能在其他比赛轮次中出现。如有轮空，应首先让强队轮空。

为了避免技术较好的两队首先相遇而被淘汰，可采用设"种子队"的方法。编排比赛秩序时，把实力较强、技术较好的种子队合理地分别排入各个不同的区内，使它们最后相遇，这样在比赛中产生的名次较为合理。确定种子队的主要依据是其技术水平和最近参加的主要比赛所取得的成绩。确定种子队的多少，主要依据参赛队的多少，一般以4个队设1个种子队为宜。单淘汰赛的种子队应平均分布在各个区内。例如16个队参加比赛，设4个种子队，把最强的2个种子队排在两头，即1号、16号的位置上，把3号、4号种子队安排在中间，即8号、9号的位置上（图4.2）。

图4.2 单淘汰比赛秩序表（设种子队）

注：（ ）为轮空位置号码、[ ]为种子队位置号码。

（三）单淘汰比赛秩序表（格式）

经过抽签排定号码位置后，可编出全部比赛秩序表。一般可采用下列格式（图4.3）：

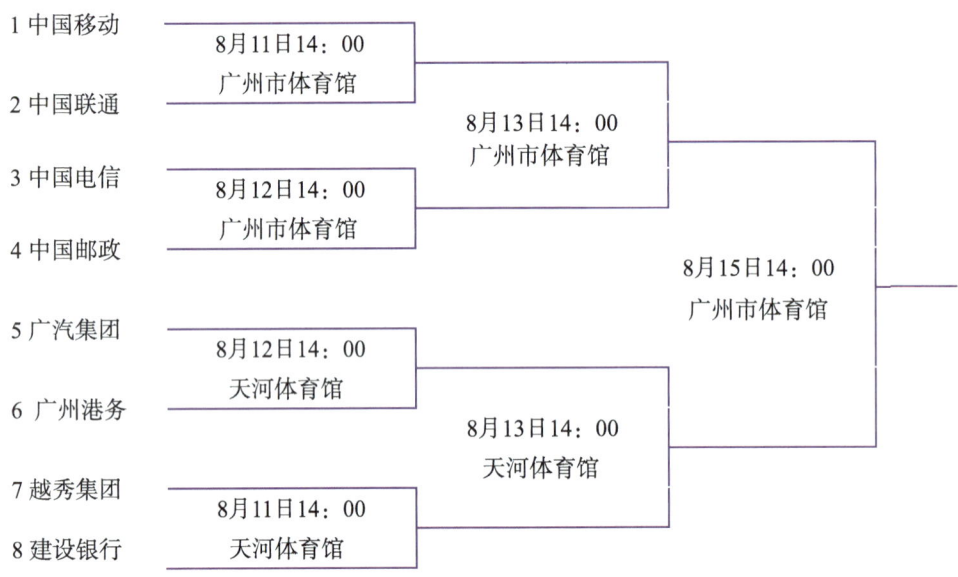

图4.3　单淘汰比赛秩序表格式

注：球队名字均为简称。

三　混合制

一次竞赛中同时采用循环制和淘汰制的称为混合制。采用混合制时可将竞赛分为两个阶段进行。一般前一阶段采用分组单循环，后一阶段采用淘汰制或交叉淘汰。

采用分组循环淘汰制的混合制比赛时，最好分成2组、4组、8组、16组进行分组循环，以便于以后编排淘汰制的比赛秩序表。

附：气排球竞赛规程（示例）

全国中学生气排球锦标赛竞赛规程（自编）

一、批准单位：××中学生体育协会
二、主办单位：××中学生体育协会气排球分会
三、承办单位：辽宁省鞍山市××高级中学（男子组）
　　　　　　　××市第八中学（女子组）

四、比赛日期，地点：

2017年7月14日—7月22日在××市第八中学举行（女子组）。

2017年7月28日—8月7日在辽宁省鞍山市××高级中学举行（男子组）。

五、参赛运动员资格

1. 参加比赛的队伍必须以一所普通中学为基本单位。各参赛队均以该队所在中学为参赛队名称，并且该队所有运动员同属一所中学在校生，每所学校报男子组、女子组各一队。

2. 参赛运动员必须是1997年1月1日以后出生者。

3. 参赛运动员必须思想进步、作风正派、文化课平均分在及格以上，且经县级以上医院证明身体健康，有正式学籍且在本学校就读的学生。

4. 已升入高等院校，正式调入专业队或职业俱乐部的学生不得参加比赛（凡是参加全国青年联赛，甲A、甲B及城市运动会的学生不得参加比赛）。

5. 参赛队员必须是在中国中学生体育协会及气排球分会注册过的运动员。

六、注册办法

凡是参加2016年全国中学生气排球锦标赛的队员必须履行注册手续。注册方法（见附表2）如下：

1. 每所会员校限定注册人数男女队各10～12人，以后每年毕业几名学生后面替补几名。

2. 各参赛运动员认真填写"全国中学生运动员申请办理'首次注册'登记表"。

3. 备齐需注册运动员本人学生证复印件、身份证或户口本复印件，近期免冠一寸彩色照片2张。

4. 各会员校应在2016年6月1日之前将上述材料以特快专递方式分别报寄教育部学生体育协会联合秘书处竞赛部。

5. 注册费：根据教育部学生体育协会联合秘书处2017年4月制定的《全国学生运动员注册条例（试行）》规定，每名注册运动员需交纳成本及手续费总计人民币50元整。手续费随同注册材料一并邮寄。

七、资格审查

为了端正赛风，组委会严格审查运动员的资格，如查实有弄虚作假的情形将严肃处理，取消成绩和名次，对该校负责的领队及教练员通报批评，停止该队教练员三年参赛资格。

八、竞赛办法

赛制：比赛分两个阶段进行。第一阶段采用小组单循环赛，第二阶段进行交叉赛。小组循环赛和交叉赛，一律采用三局两胜制。

分组办法：将上届比赛前八名定为种子队，第一小组为第一名和第八名；第二小组为第二名和第七名；第三小组为第三名和第六名；第四小组为第四名和第五名；

其余各队抽签决定其小组位置，东道主队同样抽签定组定位。小组前两名进入1~8名，小组三、四名进入9~16名，以此类推（其中东道主队在抽签定组后，在小组比赛中如果未能进入前两名，也将占据该小组第二名的位置参加交叉赛，以确保进入前八名）。

第二阶段为两次交叉赛：第一小组与第三小组进行交叉赛，决出A组名次，第二小组与第四小组进行交叉赛，决出B组名次；A组与B组各队名次再做第二个交叉赛，决出1~32名的名次。后4名的队伍将降级。

比赛执行中国气排球协会最新审定并在现阶段执行的《气排球竞赛规则》。

排列名次方法：胜一场得2分，负一场得1分，弃权得0分，积分高者名次列前；如积分相等则计算C值，如C值仍相等则计算Z值，比值高者名次列前；如Z值仍相等，则依据球队之间最后一场的胜负关系决定最终名次。

九、比赛服装、比赛用鞋

分会研究决定推荐香港雅基达牌Akita运动服为今年各项比赛的参赛服装。凡参加比赛的运动队需自备深（黑、蓝、红、紫）、浅（白、黄、绿、粉）两色比赛服各一套，每队比赛服号码为1~12号。请各校与北京雅基达公司（电话：××××××××）联系定货事宜。分会推荐上海回力鞋有限公司生产的WV—104高级排球鞋作为今年各项比赛用鞋（每双108元）。购买者请直接与分会办公室联系。

十、报名日期和办法

第一次报名：于2016年5月30日前，将报名单用电子邮件发送到分会办公室，以确定参赛队数。

第二次报名：于2016年6月30日前，将最后确定的12名正式队员名单，分别邮寄到××景山学校分会办公室和承办单位（加盖公章）。同时用电子邮件发到分会邮箱。

十一、报名要求

1. 以会员校组队参赛，每所会员校限报男子组、女子组各一个队，每队报领队1人，教练员2名，运动员12名。

2. 按本规程规定填写报名表，一式两份，报送中国中学生体育协会气排球分会和承办单位。

3. 报名逾期不予受理（以当地邮戳为准）。凡已经正式报名的球队不得更改报名单。

4. 教育部学生体育协会联合秘书处地址：×××××××

邮政编码：××××××　　联系人：×××

联系电话：××××××××

5. 中国中学生体育协会气排球分会通信地址：×××××××

6. 承办单位：辽宁省鞍山市××高级中学（男子组）

邮政编码：××××××

传真电话：×××××××　联系电话：××××××××
邮箱：××××××　联系人：×××
承办单位：××市第八中学（女子组）
邮政编码：××××××　通信地址：××××××××
传真电话：×××××××　联系电话：××××××××
邮箱：××××××××　　联系人：×××

7. 报到日期

比赛前两天报到。运动员报到时需验本人学生证原件和身份证原件，报到时须交纳报名费和保证金。每场比赛前须交验运动员注册证，否则不准许参加比赛。

十二、技术代表、裁判长均由分会统一选派

各会员校参加队必须选派一名国家二级以上裁判员参加大会裁判工作（交通费自理，食宿费由承办单位承担），未选派裁判员的会员校，须交纳费用800元。不足部分由分会及承办单位补充。

十三、录取名次及奖励办法

1. 录取前八名。前三名的运动队颁发奖杯，前八名的运动员颁发成绩证书及奖牌。港澳台代表队（非会员校）不参加前八名的决赛。
2. 设立体育道德风尚奖，并颁发集体和个人证书。

十四、经费

1. 报名费：会员校各代表队报名时需交纳报名费1000元（一个比赛队的费用），特邀队（限港澳台学校队）每队交纳报名费1500元。
2. 参加赛会在规定名额15人内，每人每天缴纳食宿费80元。不足部分由赛会补贴，超编人员交纳100元。往返路费和旅游费自理。
3. 每队报到时须向组委会交纳保证金3000元，比赛后退还。
4. 选派的大会仲裁委员、裁判长的差旅费均由承办单位负担。

十五、其他

1. 保险：各会员校必须为参加本次比赛的所有成员在当地保险公司办理人身意外伤害保险，各单位报到时，需向组委会交验保险单据证明，否则不得参加比赛。
2. 未交纳会费的学校，应在2016年5月31日前交纳会费。未交纳年会费的会员校不得参加本次比赛。
3. 各会员校每年需交论文一篇以上，在代表队报到时将论文交组委会。以后每年在下达比赛规程时，将论文评选的结果发至各会员校。
4. 各代表队需准备若干具有会员校和本地特色的小纪念品，在每场比赛时，可互赠以示友谊和纪念。
5. 各代表队都要严格遵守国家有关法律和大会有关规定，如有违法违纪行为，按社会治安管理条例和大会有关纪律做出相应处罚，所有款项从该队保证金中扣除。

十六、本规定未尽事宜,解释权属××中学生体育协会气排球协会分会。

附表:

1. 2016年××中学生气排球锦标赛报名表
2. ××中学生运动员申请"首次注册"登记表(表格复印有效)

第三节　气排球裁判员的职责与临场工作

一　气排球裁判员的组成

一场正式的气排球比赛,需要第一裁判员和第二裁判员各一名,司线员和记录员各两名。一般基层的气排球比赛最少需安排第一裁判员、第二裁判员及记录员各一名。

二　裁判员的职责与临场工作

(一)第一裁判员的职责与临场工作

1. 第一裁判员的职责

(1)自始至终领导该场比赛,对所有裁判员和队伍成员行使权力。比赛中,其判定为最终判定。如发现其他裁判员判断错误,其有权改判,甚至可以撤换不称职的裁判员。

(2)有权决定涉及比赛的一切问题,包括规则没有规定的问题。

(3)不允许对其判定进行任何解释(场上队长除外)。当场上队长不同意其解释,应立即提出声明,保留比赛结束后提请抗议并将其记在记分表上的权力。

2. 第一裁判员比赛前临场工作

(1)组织临场裁判员和辅助裁判员的碰头会。

(2)组织临场裁判员检查场地、器材、设备。

(3)组织、主持挑选场区或发球权工作。

(4)掌握准备活动时间。

(5)组织主持入场仪式。

3. 第一裁判员在比赛中的临场工作

(1)第一裁判员鸣哨中止比赛,他应做出相应手势:

①得分或应发球的队;

②犯规性质;

③犯规的队员（必要时）。

（2）对不良行为和延误比赛提出警告或进行判罚。

（3）判定：

①发球犯规和发球队的位置错误及掩护发球等；

②比赛中的任何击球（持球、连击、四次击球、过网击球、进攻性击球、触网、过中线等等）；

③允许合法比赛间断的请求；

④对意外比赛间断处理；

⑤对非技术性的任何问题进行管理。

4. 第一裁判员在比赛后的临场工作

控制场上秩序，主持退场，与双方队长、教练员握手致意。

（二）第二裁判员的职责与临场工作

1. 第二裁判员的职责

（1）明确是第一裁判员的助手，但也有自己的权限，当第一裁判员无法继续工作时，可以替代第一裁判员进行工作。

（2）除了规定的鸣哨职责外，还可以用手势指出其权限以外的犯规，但不得鸣哨，不得坚持。

（3）掌管记录台记录员的工作及球队席的状况。

2. 第二裁判员在比赛前的临场工作

（1）参加第一裁判员主持的临场碰头会。

（2）协助第一裁判员检查场地、器材、设备是否符合比赛要求。

（3）检查记录台的准备工作是否完善，请双方教练员确认名单和号码并签字。

（4）向双方运动队发放、收取位置表，交给记录台登记。

（5）参加第一裁判员主持的挑选球权和场区的仪式，并请双方队长签字。

（6）协助第一裁判员掌握准备活动时间。

（7）参加入场仪式。

3. 第二裁判员在比赛中的临场工作

（1）第二裁判员鸣哨中止比赛，他应指出（手势）：

①犯规性质；

②跟随第一裁判员指出发球或得分队；

③犯规队员（必要时）；

④鸣哨职责以外，协助第一裁判员判断的手势。

（2）第二裁判员鸣哨并做出手势的职责范围：

①网下穿越进入对方场区（过中线）；

②接发球队的位置错误；

③触击球网上沿白色网带或影响比赛或妨碍对方击球的触网；

④球触及障碍物或近端的标志杆；

⑤后排队员完成拦网；

⑥第一裁判员难以观察的球触及地面；

⑦球的整体或部分从过网区以外进入对方场区或无障碍区；

⑧暂停、换人。

（3）协助第一裁判员判断的手势但不得鸣哨的范围：

①四次击球；

②连击；

③拦网犯规；

④近端或后排的球触手出界。

（4）第二裁判员的管理范围：

①每局和决胜局上场队员位置的核对与管理；

②掌管记录台的工作；

③掌管双方暂停、换人的次数，并及时通知第一裁判员和教练员；

④掌管好双方替补席人员和物品；

⑤注意观察双方参赛人员的不良行为和延误比赛的行为，并与第一裁判员及时沟通；

⑥管理好捡球员和擦地员的工作（必要时）。

4.第二裁判员在比赛后的临场工作

（1）比赛结束后应立即到第一裁判员一侧一起退场。

（2）赛后与双方队长、教练员互通礼节。

（3）请双方队长在记录表上签字确认比赛结果。

（4）监督收回比赛器材。

（5）检查记录表并签字。

（6）协助第一裁判员做好比赛的结束工作和临场小结。

（三）司线员的职责和临场工作

1.司线员在比赛前的职责与临场工作

（1）主动协助检查整理场地、器材、设施。

（2）参加第一裁判员主持的临场碰头会。

（3）索取司线旗，规格40厘米×40厘米，准备入场。

（4）位置：两名司线员各位于第一、第二裁判员的右侧场区角端，距场角0.5～1米处的位置，对其一侧的端线和边线附近球进行判断。

2. 司线员在比赛中的职责与临场工作

（1）观察球落在他所负责的线附近时，出示"界内"或"界外"旗示。

（2）球触及队员身体出界时，出示"触手出界"旗示。

（3）当球从过网区以外或触及标志杆或其延长线过网时，出示绕杆旗示。

（4）当球触及场外物体时，出示绕杆界外旗示。

（5）当发球队员踏及端线或左边线延长线外发球时，出示发球犯规旗示。

（6）当发球队员发球时，场上队员脚踏及场区外，出示犯规旗示。

（7）如果第一裁判员有疑问时应如实反映情况，配合第一裁判员的判断。

（8）与第一、第二裁判员之间的配合（展示的时间要求、眼神）。

（9）严格遵守司线员工作方法的16字方针：加强预判、抢好角度、看线等球、出旗果断。

3. 司线员在比赛后的职责临场工作

（1）协助监督收回比赛器材、设备。

（2）与双方队长和教练员互通礼节。

（3）协助第一、第二裁判员完成好比赛的结束工作。参与做好临场小结工作。

（四）记录员的职责与临场工作

1. 记录员在比赛前的职责与临场工作

（1）抄写好双方运动员的名单。

（2）与第二裁判员沟通，发放位置表，并请双方教练员确认名单和号码并签字。

（3）请第二裁判员及时收回位置表，并登记在记录表上。

（4）每局开始比赛前，核对场上位置是否与交来的位置表相符，并通知第二裁判员。

2. 记录员在比赛中的职责与临场工作

（1）记录发球轮次，掌握发球次序。

（2）记录得分和轮次。

（3）掌握并登记暂停和换人的次数，并通知第二裁判员。

（4）对违背规则规定的间断请求要及时通知第二裁判员。

（5）记录各种判罚和申诉。

3. 记录员在比赛后的职责与临场工作

（1）登记比赛最终结果。

（2）登记比赛中出现的并在第一裁判员认可情况下的特殊事件。

（3）请双方队长和各位裁判员在记录表上签字，同时签上自己的名字。

参考文献

[1] 虞重干.排球运动教程[M].北京：人民体育出版社，2009.

[2] 黄汉升.球类运动——排球[M].北京：高等教育出版社，2015.

[3] 钟秉枢.排球[M].北京：北京体育大学出版社，1998.

[4] 夏思永，许瑞勋，常智.软式排球、气排球、沙滩排球[M].桂林：广西师范大学出版社，2005.

[5] 陈铁成.气排球[M].厦门：厦门大学出版社，2014.

[6] 连道明，陈铁成.软式排球、沙滩排球、气排球理论与方法[M].厦门：厦门大学出版社，2007.

[7] 连道明，张欣，黎禾，等.气排球竞赛规则[M].北京：北京体育大学出版社，2013.

[8] 谭洁.气排球运动教程[M].长沙：湖南师范大学出版社，2017.

[9] 黄恩洪，徐连军，唐晓怡.高校排球运动理论与实践[M].北京：中国商务出版社，2007.

[10] 宣栋栋.我国老年排球运动的发展现状及对策研究[D].苏州：苏州大学，2009.

[11] 张红昌.我国老年气排球运动的开展现状及发展对策研究[D].福州：福建师范大学，2010.

[12] 全国体育院校教材委员会.排球[M].北京：人民体育出版社，1998.

[13] 王萍，李德祥.大学生体育与健康教程[M].北京：北京师范大学出版社，2010.

[14] 姚鲆，王幼华，白群，等.气排球与室内排球技术的比较分析[M].体育科学研究，2008（7）：55-56.

[15] 李莹.气排球[M].北京：中国人民大学出版社，2018.

[16] 周振华，杨宏峰.排球实用教程[M].北京：中国农业科学技术出版社，2010.

[17] 刘云民，王恒.排球教学与训练[M].哈尔滨：哈尔滨工程大学出版社，2016.

[18] 朱征宇，付强.软式排球教程[M].北京：人民体育出版社，2006.

气排球竞赛规则
(2017—2020)

中国排球协会审定
2017年5月

修订说明

为适应我国气排球运动日益发展的需要，便于这项运动在全国的进一步推广与交流，更好地引领气排球运动的健康发展，在总结2015年、2016年"超级杯"全国气排球联赛使用的规则的基础上，我们对2013年版的《气排球竞赛规则》进行了修订。在修订过程中，吸纳了近年来我国气排球运动发展的最新成果，力求使规则更好地适应和促进我国气排球运动的发展，同时，保持规则的延续性与连贯性；修订突出了规则内容与条款的实效性、时代性、科学性和可操作性，利于裁判员临场判定，在内容和结构上比上一版均有较大的突破与完善。相信本规则的修订将对我国气排球运动的进一步发展起到规范、指导和促进的作用。

比赛的特性

气排球比赛是两队在由球网分开的场地上进行比赛的集体项目。它可以有多种比赛方法，以适应各种不同性质比赛的需求。

比赛的目的，是各队遵照规则，将球击过球网，使其落在对方场区的地面上，而阻止其落在本方场区的地面上。

比赛由发球开始，发球队员击球使其从网上规定的过网区飞至对区。比赛由此连续进行，直至球落地、出界或某一队不能合乎规则地将球击回。

比赛采用每球得分制，当某队胜一球时，即得一分，同时获得发球权，并且得分方队员按顺时针方向轮转一个位置。

气排球

目 录

第一章	器材与设备	113
1	比赛场地	113
1.1	面积	113
1.2	场地地面	113
1.3	场地上的线	113
1.4	裁判台、记录台、球队席	113
2	球网和网柱	114
2.1	球网	114
2.2	球网高度	114
2.3	网柱	114
3	球	114
第二章	比赛参加者	115
4	比赛队	115
4.1	球队的组成	115
4.2	球队的位置	115
5	队员装备	115
5.1	服装	115
5.2	运动鞋	115
5.3	饰物	115
6	参赛者的权利和责任	115
6.1	教练员	115
6.2	队长和场上队长	115
第三章	比赛方法	116
7	记分方法	116
7.1	胜一场	116
7.2	胜一局	116
7.3	得一分	116
7.4	弃权与阵容不完整	116
8	比赛的组织	116
8.1	抽签	116
8.2	准备活动	117
8.3	开始阵容	117

8.4	场上位置	117
8.5	位置错误	117
8.6	轮转	118
8.7	轮转错误	118
第四章	**比赛行为**	118
9	**比赛的状态**	118
9.1	比赛开始	118
9.2	比赛中断	118
9.3	界内球	118
9.4	界外球	118
10	**比赛中的击球**	119
10.1	球队的击球	119
10.2	击球的性质	119
10.3	击球时的犯规	119
11	**球网附近的球**	119
11.1	球通过球网	119
11.2	球触球网	119
11.3	球入球网	119
12	**球网附近的队员**	120
12.1	进入对方空间	120
12.2	穿越中线进入对方场区	120
12.3	触网	120
12.4	队员在球网附近的犯规	120
13	**发球**	120
13.1	首先发球	120
13.2	发球次序	120
13.3	发球的允许	120
13.4	发球的执行	120
13.5	发球掩护	121
13.6	发球时的犯规	121
13.7	发球犯规与位置错误	121
14	**进攻性击球**	121
14.1	进攻性击球的定义	121
14.2	进攻性击球的限制	121
14.3	进攻性击球的犯规	122

15	拦网	122
15.1	拦网的定义	122
15.2	拦网触球	122
15.3	拦网与球队的击球	122
15.4	拦网的犯规	122

第五章	比赛间断与延误比赛	123
16	正常的比赛间断	123
16.1	正常间断的次数	123
16.2	请求间断	123
16.3	比赛间断的连续	123
16.4	暂停	123
16.5	换人	123
16.6	特殊换人	123
16.7	不符合规定的请求	123
17	延误比赛	124
17.1	延误比赛的类型	124
17.2	对延误比赛的判罚	124
18	例外的比赛间断	124
18.1	受伤	124
18.2	外因造成的比赛间断	124
18.3	被拖延的间断	124
19	局间休息与交换场区	125
19.1	局间休息	125
19.2	交换场区	125

第六章	不良行为	125
第七章	裁判员职责与法定手势	126
21	裁判员组成	126
22	工作程序	126
23	第一裁判员	126
23.1	位置	126
23.2	权力	126
23.3	职责	127
24	第二裁判员	127
24.1	位置	127
24.2	权力	127

24.3	职责	128
25	**记录员**	**128**
25.1	位置	128
25.2	职责	128
26	**司线员**	**129**
26.1	位置	129
26.2	职责	129
27	**裁判员的法定手势**	**129**
27.1	第一、第二裁判员的手势	129
27.2	司线员的旗示	129

附件1 裁判员手势图 ································ 130
附件2 司线员旗示图 ································ 132
附件3 气排球比赛记分表（四人制、五人制） ················ 133

第一章 器材与设备

1 比赛场地

比赛场地包括比赛场区和无障碍区。

1.1 面积

比赛场区为长12米、宽6米的长方形。其四周至少有2～3米宽的无障碍区，从地面向上至少有7米高的无障碍空间。

1.2 场地地面

场地地面必须平坦、水平、划一。不得有任何可能造成伤害队员的隐患，也不得在粗糙或易滑的地面上进行比赛。

1.3 场地上的线

1.3.1 所有的界线宽5厘米，其颜色须区别于场地颜色。

1.3.2 界线

两条边线和端线划定了比赛场区。边线和端线都包括在比赛场区面积之内。

1.3.3 中线

中线连接两条边线的中点。中线的中心线将比赛场区分为长6米、宽6米的两个相等的场区。

1.3.4 进攻线

每个场区各画一条距离中线中心线2米的进攻线。进攻线（包括进攻线的宽度）前为前场区，进攻线后为后场区。进攻线外两侧各间距20厘米、长15厘米的三段虚线为进攻线的延长线。两条进攻线的延长线之间、记录台一侧边线外的范围为换人区。

1.3.5 发球区短线

端线后两条边线的延长线上各画一条长15厘米、垂直并距离端线20厘米的短线，两条短线（包括短线宽度）之间的区域为发球区，发球区深度延至无障碍区的终端。

1.3.6 跳发球限制线

在距端线后1米处画一条平行于端线且与端线长度相等的平行线为跳发球限制线；跳发球必须在该线后完成起跳动作。

1.3.7 教练员限制线

从进攻线的延长线至端线延长线，距边线1.05米并平行于边线由一组长15厘米、间隔20厘米的虚线，组成教练员限制线；比赛中教练员活动区域为限制线外、球队席前的区域，球队其他成员坐在球队席上。

1.4 裁判台、记录台、球队席

裁判台设在球网的一端。记录台设在裁判台对面的边线无障碍区外，记录台两侧设球队席。见图1。

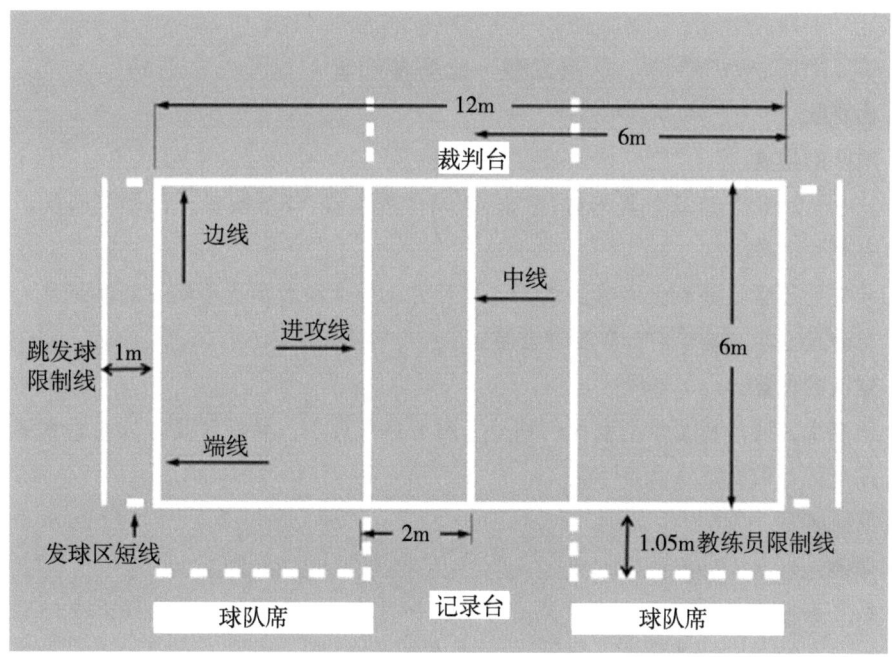

图1　气排球比赛场地图

2　球网和网柱

2.1　球网

球网架设在垂直地面中线上空。球网为黑色，长7米，宽0.8米，网孔为8厘米见方。网的上沿缝有5厘米宽的双层白色帆布，中间用柔软的钢丝绳穿过，网的下沿用绳索穿起，上下沿拉紧并固定在网柱上。球网的两端各系一条宽5厘米，长0.8米的标志带，垂直于边线。在两条标志带外沿、球网的不同侧面，分别设置长1.8米，直径1厘米的标志杆，高出球网1米。标志杆每10厘米涂有红白相间的颜色。

2.2　球网高度

男子球网高度2.1米、女子球网高度1.9米。球网高度用量尺从场地中间丈量。球网两端离地面必须相等，不得超过规定高度2厘米。

2.3　网柱

网柱用圆形光滑的金属材料制成。网柱分别架设在两条边线外0.5~1米的中线延长线上。

3　球

球为圆形，球的面料由柔软的高密度合成革材质制成。颜色为彩色。圆周长为72~78厘米，重量为120~140克，气压为0.15~0.18千克/平方厘米。一次比赛所用的球必须是同一特性、同一品牌的球。

第二章 比赛参加者

4 比赛队

4.1 球队的组成

4.1.1 一个队由10人组成，其中有1名领队、1名教练员、8名队员，比赛中领队、教练员可兼运动员。

4.1.2 只有登记在记分表上的球队成员，方可进入场地和参加比赛。一经教练员、队长在记分表上签名确认后，即不得更换。

4.2 球队的位置

比赛中，队的成员应坐在他们场地一侧的球队席上；替补队员可以在本方场区的无障碍区外做无球的准备活动。

5 队员装备

5.1 服装

队员服装要统一，上衣前后须有号码，序号为1~10号。身前号码至少15厘米高，身后号码至少20厘米高。号码笔画宽度至少2厘米。队长上衣应有一条与上衣颜色不同的长8厘米、宽2厘米的标志。

5.2 运动鞋

运动鞋必须是没有后跟的柔软轻便的胶底鞋。

5.3 饰物

不允许佩带任何易造成伤害的饰物。

6 参赛者的权利和责任

参赛者应遵守规则，并尊重裁判、尊重对手、尊重观众，服从裁判的判决，不允许争辩。教练员和队长对全队成员的行为和赛风赛纪负责。

6.1 教练员

6.1.1 教练员赛前应核对记分表上登记的本队队员名单、号码并签字确认。每局比赛前将该局上场队员位置表交给第二裁判员或记录台。

6.1.2 比赛中请求暂停和换人，在场外行使指导。教练员进行指导时可在球队席前、教练员限制线后的无障碍区域内站立或走动，但不得干扰或延误比赛。

6.1.3 比赛中教练员坐在本方靠近记录台一侧的球队席上。

6.2 队长和场上队长

6.2.1 队长应有队长标志，赛前在记分表上签字，并代表本队抽签。

6.2.2 比赛中如队长在场上，为场上队长；如其被换下场，由教练员或队长指定另一名场上队员担任场上队长。

6.2.3 在教练员缺席的情况下，场上队长在比赛中可以请求换人和暂停。

6.2.4 只有场上队长在死球时可以向裁判员请求：

6.2.4.1 对规则的执行进行解释；但当第一裁判员解释后，不得与裁判员纠缠与争辩，否则判该队"延误比赛"（规则17.1.5，17.2）。

6.2.4.2 转达本队队员提出的问题和请求。

6.2.4.3 如果对裁判员的解释不满意，可以选择抗议并立即向第一裁判员声明，保留其在比赛结束时将正式抗议写在记分表上的权利。

6.2.5 比赛结束后感谢裁判员，并在记分表上签字。

第三章 比赛方法

7 记分方法

比赛采用每球得分制，即胜一球得一分。

7.1 胜一场

比赛采用三局两胜制，胜两局的队为胜一场。若1∶1平局时，进行决胜局（第三局）的比赛。

7.2 胜一局

第1、2局先得21分同时超过对方2分为胜一局，当比分20∶20时，比赛继续进行至某队领先两分（22∶20、23∶21……）为胜一局。决胜局，先得15分同时超过对方2分的队获胜；当比分14∶14时，比赛继续进行至某队领先两分（16∶14、17∶15……）为胜一局。决胜局8分时双方队员交换场地进行比赛，比赛按照交换时的阵容继续进行。

7.3 得一分

7.3.1 球成功地落在对方场区；

7.3.2 对方犯规；

7.3.3 对方受到判罚。

7.4 弃权与阵容不完整

7.4.1 某队被召唤后拒绝比赛，则宣布该队为弃权。对方以每局21∶0的比分和2∶0的比局获胜。

7.4.2 某队无正当理由而未准时到达比赛场地，则宣布该队为弃权，处理同规则7.4.1。

7.4.3 某队被宣布一局或一场比赛阵容不完整时，则输掉该局或该场比赛，判给对方胜该局或该场比赛所必要的分数和局数。阵容不完整的队保留其所得分数和局数。

8 比赛的组织

8.1 抽签

比赛开始前和决胜局开始前，由第一裁判员召集双方队长抽签。

8.1.1 获先者选择其中一类：

A. 发球或接发球；

B. 场区。

8.1.2 另一方可挑选余下部分。

8.2 **准备活动**

比赛开始前，两队各自在自己的半场练习10分钟。

8.3 **开始阵容**

8.3.1 每队场上必须始终保持5名队员或4名队员的比赛阵容。队员的轮转次序应按位置表登记的顺序进行。

8.3.2 位置表一经交给第二裁判员或记录员，除正常换人外，其阵容不得更改。

8.3.3 一局开始前，场上队员的位置与位置表不符时，须按位置表进行纠正，不予判罚。

8.4 **场上位置**

发球队员击球时，双方队员（发球队员除外）必须在本场区内按轮转次序站位（图2、图3）。

8.4.1 四人制比赛队员位置：靠近球网2号位（右）、3号位（左）两名队员为前排队员，另外两名队员1号位（右）、4号位（左）为后排队员。1号位队员与2号位队员同列，3号位队员与4号位队员同列，如图2。

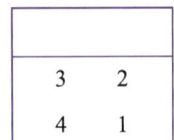 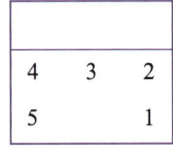

图2 四人制场上队员位置图　　图3 五人制场上队员位置图

8.4.2 五人制比赛队员位置：靠近球网2号位（右）、3号位（中）、4号位（左）三名队员为前排队员，另外两名队员1号位（右）、5号位（左）为后排队员。1号位队员与2号位队员同列，4号位队员与5号位队员同列，如图3。

8.4.3 队员站位是否错误应根据其脚的着地部位判定：

8.4.3.1 五人制前排3号位队员与后排队员没有站位位置关系。

8.4.3.2 同排队员站位规定：四人制前排右（左）边队员至少有一只脚的部分，比同排左（右）队员的双脚距右（左）边线更近。后排右（左）边队员至少一只脚的一部分，比同排另一名左（右）边队员的双脚距右（左）边线更近；五人制前排右（左）边队员至少有一只脚的部分，比同排中间队员的双脚距右（左）边线更近。后排右（左）边队员至少一只脚的一部分，比同排另一名左（右）边队员的双脚距右（左）边线更近。

8.4.3.3 发球击球后，队员可以在本场区和无障碍区的任何位置。

8.5 **位置错误**

8.5.1 当发球队员击球时，如果队员不在其正确位置上，则构成位置错误犯规。

8.5.2 当发球队员击球时的犯规与对方位置错误同时发生，则判发球犯规。

8.5.3 当发球队员击球后的犯规与对方位置错误同时发生，则判位置错误犯规。

8.5.4 位置错误判罚如下：

8.5.4.1 该队被判失去1分，由对方发球；

8.5.4.2 队员必须恢复到正确位置。

8.6 轮转

8.6.1 轮转次序、发球次序以及队员位置的确定均以位置表为依据。

8.6.2 某队得1分，同时得发球权后，所有队员必须按顺时针方向轮转一个位置，由2号位队员轮转至1号位发球。

8.6.3 如某队因对方被判罚而得1分，本方所得该分后也必须轮转一个位置，原该分该轮的发球队员不再发球，轮转由下一轮发球队员发球。

8.7 轮转错误

8.7.1 没有按照轮转次序进行发球为轮转错误，按照顺序进行如下判罚：

8.7.1.1 该队失1分，由对方发球；

8.7.1.2 队员的错误轮转次序必须纠正。

8.7.2 记录员应准确地确定其错误何时发生，从而取消该队自犯规发生后的所有得分，对方得分仍然有效。如果不能确定犯规发生的时间，则仅判失1分，由对方发球。

第四章 比赛行为

9 比赛的状态

9.1 比赛开始

第一裁判员鸣哨允许发球，发球队员击球为比赛开始。

9.2 比赛中断

裁判员鸣哨则比赛中断，但如果裁判员是由于比赛中出现犯规而鸣哨的，则比赛的中断实际上是由犯规的一刹那开始的。

9.3 界内球

球触及比赛场区的地面包括界线为界内球。

9.4 界外球

下列情况为界外球：

9.4.1 球接触地面的部分完全在界线以外；

9.4.2 球触及场外物体、天花板或非场上的成员等；

9.4.3 球触及标志杆以及标志杆以外的球网、网绳或网柱；

9.4.4 球的整体从网下穿过；

9.4.5 球的整体或部分从过网区以外过网进入对方场区；

9.4.6 球的整体越过中线的延长线。

10 比赛中的击球

比赛中队员与球的任何触及都视为击球，队员必须在本方场区和本方无障碍区空间击球（规则15.1.3除外）。

10.1 球队的击球

每队最多击球三次（规则15.3.1除外），无论是主动击球或被动触及，均作为该队的一次击球。

10.1.1 连续击球

一名队员不得连续击球两次（规则10.2.3、15.2、15.3.1除外）。

10.1.2 同时触球

两名或三名队员可以同时触球。

10.1.2.1 同队的两名（或三名）队员同时触到球时，被记为两次（或三次）击球（拦网除外）。如果只有其中一名队员触球，则只记一次。队员之间的碰撞不算犯规。

10.1.2.2 两名不同队的队员在网上同时触球，比赛继续进行，获球一方可再次击球三次。如果该球落在某方场区之外，判对方击球出界。

10.1.3 借助击球

队员在比赛场区内借助同伴或任何物体的支持进行击球。

10.2 击球的性质

10.2.1 球可以触及身体的任何部分。

10.2.2 球必须被击出，不可接住或抛出。

10.2.3 击球时（包括第一、二、三次击球），允许身体不同部位在一个动作中连续触球。

10.3 击球时的犯规

10.3.1 "四次击球"：一个队连续触球四次。

10.3.2 "借助击球"：队员在比赛场地内借助同伴或任何物体的支持进行击球。

10.3.3 "持球"：没有将球击出，造成接住或抛出。

10.3.4 "连击"：一名队员连续击球两次或球连续触及其身体的不同部位（规则10.2.3除外）。

11 球网附近的球

11.1 球通过球网

球的整体必须通过球网上空的过网区进入对方场区。

过网区是球网垂直面，其范围：

上至天花板；下至球网上沿；两侧至标志杆及其延长线。

11.2 球触球网

球通过球网时可以触及球网。

11.3 球入球网

球入网后，在该队的三次击球内，可以再次击球。

12 球网附近的队员

12.1 进入对方空间
在不妨碍对方比赛的情况下,允许队员在网下穿越进入对方空间。

12.2 穿越中线进入对方场区
12.2.1 队员的一只(两只)脚部分越过中线触及对方场区的同时,其余部分接触中线或置于中线上空是允许的,不判为犯规。

12.2.2 队员除脚以外,身体任何其他部位触及对方场区为犯规。

12.2.3 比赛中断后队员可以进入对方场区。

12.2.4 在不干扰对方比赛的情况下,队员可以穿越进入对方的无障碍区,但不得击球。

12.3 触网
12.3.1 队员触网即犯规,比赛过程中在任何情况下都不得触网。

12.3.2 队员击球后可以触及网柱、全网长以外的网绳或其他任何物体,但不得干扰比赛。

12.3.3 由于球被击入球网而造成网触及队员,不算犯规。

12.4 队员在球网附近的犯规
12.4.1 对方进攻性击球前或击球时在对方空间触球或触及对方队员。

12.4.2 从网下穿越进入对方空间并妨碍对方比赛。

12.4.3 整个脚越过中线踏及对方场区。

12.4.4 除脚以外的身体任何部分越过中线触及对方场区。

13 发球

后排右(1号位)队员在发球区内将球击出而进入比赛的行动,称为发球。

13.1 首先发球
13.1.1 第一局和决胜局由抽签选定发球权的队首先发球。

13.1.2 第二局由前一局未首先发球的队发球。

13.2 发球次序
13.2.1 队员发球的次序按位置表上的顺序进行。

13.2.2 一局中首先发球之后,队员按下列规定进行发球:

当胜一球时,必须轮转发球,由前排右(2号位)队员轮换至1号位发球。

13.3 发球的允许
第一裁判员在发球队员已持球在手,并且双方队员已做好比赛准备时,鸣哨允许发球。

13.4 发球的执行
13.4.1 球被抛起或持球手撤离后,必须在球落地前,用一只手或手臂将球击出。

13.4.2 发球时球在手中移动或拍球是允许的。

13.4.3 发球队员在发球击球时,不得踏及端线和发球区以外地面。

13.4.4 跳发球起跳时,脚不得踏及或超越跳发球限制线。起跳空中击球后,脚可以落在任何位置。

13.4.5 发球队员必须在第一裁判员鸣哨后8秒钟内将球击出。

13.4.6 发球队员将球抛起，未触及发球队员而落地，允许再次发球，时间连续计算在8秒钟内。

13.4.7 发球队员在裁判员允许发球鸣哨的同时或之前发球，则重新发球。

13.5 发球掩护

13.5.1 发球队的队员个人或集体不得利用掩护阻挡对方观察发球队员和球的飞行路线。

13.5.2 发球队的队员个人或集体挥臂、跳跃、左右移动，或集体密集站位遮挡球的飞行路线，则构成发球掩护。

13.6 发球时的犯规

13.6.1 发球犯规

下列犯规应判发球犯规进行换发球，即使对方位置错误。发球队：

13.6.1.1 发球次序错误；

13.6.1.2 没有遵守"发球的执行"的规定（规则13.4）。

13.6.2 发球击球后的犯规。

球被发出后，出现以下情况仍被判为发球犯规（规则13.7.2除外）：

13.6.2.1 球触及发球队队员或球的整体没有从过网区通过球网的垂直面；

13.6.2.2 界外球；

13.6.2.3 球越过发球掩护的个人或集体。

13.7 发球犯规与位置错误

13.7.1 如果发球犯规与对方位置错误同时发生（规则13.6.1），判发球犯规。

13.7.2 如果发球后犯规（规则13.6.2），与对方位置错误同时发生，判位置错误犯规。

14 进攻性击球

14.1 进攻性击球的定义

14.1.1 除发球和拦网外，所有直接击向对方的球都是进攻性击球。

14.1.2 在进攻性击球时，吊球是允许的，但击球必须清晰并不得接住或抛出。

14.1.3 球的整体通过球网垂直面（包括触及球网后再进入对方空间）或触及对方队员，则认为完成进攻性击球。

14.2 进攻性击球的限制

14.2.1 进攻线后（后场区），队员可以对任何高度的球完成进攻性击球，但：

14.2.1.1 击球起跳时脚不得踏及或越过进攻线（规则14.2.1.2除外）；

14.2.1.2 队员可以在进攻线前（前场区）完成进攻性击球，但球的飞行轨迹必须高于击球点，有明显向上的弧度过网进入对方场区；

14.2.1.3 击球后脚可以落在前场区；

14.2.1.4 接发球队队员不能对在本场区内高于球网上沿的对方发球完成进攻性击球。

14.3 进攻性击球的犯规

14.3.1 在对方空间击球。

14.3.2 击球出界。

14.3.3 在前场区，完成进攻性击球，球的飞行轨迹没有高于击球点，球过网时没有明显向上的弧度（包括水平飞向过网）。

14.3.4 对处于本场区内高于球网上沿的对方发球完成进攻性击球。

15 拦网

15.1 拦网的定义

拦网是队员靠近球网，在高于球网处阻挡对方来球的行动，与触球点是否高于球网无关；只有前排队员可以完成拦网。

15.1.1 拦网试图。

没有触及球的拦网行动为拦网试图。

15.1.2 完成拦网。

触及球的拦网行动被认为完成拦网。

15.1.3 进入对方空间拦网。

允许拦网队员的手过网拦网，但不得干扰对方击球。过网拦网的触球必须在对方进攻性击球之后；在对方进攻性击球同时或之前拦网触球均为犯规。

15.1.4 当球飞向过网而尚未过网，有同队队员准备击该球时，不能过网完成拦网。

15.1.5 集体拦网。

两名或三名队员彼此靠近进行拦网为集体拦网。其中一人触球则完成拦网。

15.2 拦网触球

在一个动作中，球可以迅速而连续触及一名或更多的拦网队员。

15.3 拦网与球队的击球

15.3.1 拦网的触球不算作球队三次击球中的一次击球；

15.3.2 拦网后可以由任何一名队员进行第一次击球，包括拦网时已经触球的队员。

15.4 拦网的犯规

15.4.1 后排队员完成拦网或参加完成拦网的集体；

15.4.2 拦对方的发球；

15.4.3 拦网出界；

15.4.4 从标志杆外进入对方空间拦网；

15.4.5 拦网队员过网拦网，在对方进攻性击球同时或之前触球；

15.4.6 当球飞向过网而尚未过网，有同队队员准备击该球时完成拦网。

第五章 比赛间断与延误比赛

16 正常的比赛间断

正常的比赛间断有"暂停"和"换人"。

16.1 正常间断的次数

每局比赛中，每队最多请求两次暂停和4人次（四人制）或5人次（五人制）换人，所换队员不受位置限制。

16.2 请求间断

16.2.1 在比赛死球时，裁判员鸣哨发球前，教练员或场上队长用正式手势，请求换人或暂停。

16.2.2 一局开始前允许请求换人，并计入换人次数。

16.3 比赛间断的连续

16.3.1 一次或两次暂停与双方的各一次换人相连续，中间无须经过比赛过程。

16.3.2 同一队未经过比赛过程不得连续提出换人请求。但在同一次换人请求中可以替换1人或多人。

16.4 暂停

16.4.1 每次暂停时间为30秒。

16.4.2 暂停时，比赛队员必须离开比赛场区到球队席附近的无障碍区。

16.5 换人

16.5.1 换人必须在换人区内进行。

16.5.2 换人由教练员或场上队长请求，换人时，场外队员要做好上场的准备。

16.5.3 如果要替换两名或两名以上的队员，要用手势表明请求替换人次。

16.6 特殊换人

某一队员受伤或生病不能继续比赛时，必须进行合法的换人。如果不能进行合法的换人时，可采用超出规则16.5限制的"特殊换人"。特殊换人时，场外的任何队员都可以替换受伤队员，但受伤队员不可在本场比赛中再次上场比赛。

特殊换人不作为换人的次数计算。

16.7 不符合规定的请求

16.7.1 下列情况为不符合规定的请求：

16.7.1.1 在比赛进行中或裁判员鸣哨发球的同时或之后提出请求；

16.7.1.2 无请求权的成员提出请求；

16.7.1.3 同一队未经过比赛过程再次请求换人；

16.7.1.4 超过所规定正常间断次数的请求。

16.7.2 在比赛中第一次没有影响和延误比赛的不符合规定的请求应予以拒绝而不进行判罚。

17.6.3 同一场比赛中再次提出不符合规定的请求应判延误比赛。

17 延误比赛

17.1 延误比赛的类型

一个队拖延比赛继续进行的不正当行动为延误比赛。包括以下行为：

17.1.1 换人延误时间；

17.1.2 在裁判员鸣哨恢复比赛后，拖延暂停时间；

17.1.3 请求不合规定的替换；

17.1.4 再次提出不合规定的请求；

17.1.5 球队成员拖延比赛的继续进行。

17.2 对延误比赛的判罚

17.2.1 "延误警告"和"延误判罚"是对全队的延误比赛的判罚。

17.2.1.1 延误比赛的判罚对全场比赛有效。

17.2.1.2 所有延误比赛的判罚都记录在记分表上。

17.2.2 在一场比赛中，对一个队的成员的第一次延误比赛，予以"延误警告"。

17.2.3 在一场比赛中，同一队的任何成员造成任何类型的第二次以及其后的延误比赛，都予以"延误判罚"，对方得1分，并由对方发球。

17.2.4 局前和局间的延误比赛判罚记在下一局中。

18 例外的比赛间断

18.1 受伤

18.1.1 比赛中出现严重伤害事故，裁判员应立即中断比赛，允许医务人员进入场地。该球重新比赛。

18.1.2 如受伤队员不能进行合法替换和特殊替换，则给予受伤队员5分钟的恢复时间。一场比赛中同一队员只能给予一次恢复的时间。

5分钟后仍不能进行比赛，该队被宣布阵容不完整（规则7.4.3）。

18.2 外因造成的比赛间断

比赛中出现任何外界干扰，都应停止比赛，该球重新进行。

18.3 被拖延的间断

18.3.1 任何意外的情况阻碍比赛进行时，第一裁判员、比赛组织者和主管委员会成员共同研究决定，采取措施使比赛恢复正常。

18.3.2 一次或数次间断时间累计不超过2小时：

18.3.2.1 如果比赛仍在原场地进行，间断的一局应保持原比分、原队员和原场上位置，已结束的各局保留比分；

18.3.2.2 如比赛改在另外场地进行，则间断的一局应取消，但保持该局开始的阵容和位置，重新比赛，已结束的各局比分保留；

18.3.3 一次或数次间断时间累计超过2小时，则全场比赛重新开始。

19 局间休息与交换场区

19.1 局间休息

第一局结束后休息2分钟，决胜局前休息3分钟。

19.2 交换场区

19.2.1 第一局结束后，比赛队交换场区。

19.2.2 决胜局中某队获得8分时，两队交换场区，不休息，队员在原来的位置继续比赛。如果没能及时交换场区，应在此错误被发现时立即进行交换，保留交换场区时两队已得比分。

第六章　不良行为

20.1 轻微的不良行为

对轻微的不良行为不进行处罚，但第一裁判员有责任防止运动队出现接近被处罚程度的行为。

这里使用两种形式：

（1）通过场上队长进行口头警告；

（2）向相关队的成员出示黄牌，虽然没有处罚，但要登记在记录表上，警告该队其行为已经接近被处罚的程度。

20.2 给予处罚的不良行为

队的成员对裁判员、对方、同伴或观众的不良行为，按程度分为以下3类：

20.2.1 粗鲁行为：违背道德准则或文明举止。

20.2.2 冒犯行为：诽谤或侮辱的言语或形态，或有任何轻蔑的表示。

20.2.3 侵犯行为：人身攻击、侵犯或威吓行为。

20.3 判罚的实施

20.3.1 轻微的不良行为：

警告：不处罚

——形式1：口头警告；

——形式2：出示黄牌。

20.3.2 粗鲁行为：裁判员出示红牌，对方得1分并发球。

20.3.3 冒犯行为：裁判员出示红牌+黄牌（同持一手），取消该局比赛资格，无其他判罚。被判罚的球队成员必须坐在本队球队席上。如果被判罚的是教练员，则失去该局的指挥权利。

20.3.4 侵犯行为：裁判员出示红牌+黄牌（双手分持），取消该场比赛资格，离开比赛控制区，无其他判罚。

20.4 不良行为的判罚是针对个人的，全场比赛有效，记录在记分表上

20.5 同一成员在同一场比赛中重犯不良行为，按判罚等级加一级判罚，即对该成员的判

罚要重于前一次

20.6 对冒犯行为或侵犯行为的判罚，无须有先一次的判罚

20.7 场上队员被取消该局或该场比赛资格，必须立即进行合法的替换，不得继续参加该场的比赛。如果不能进行合法替换，则宣布该队"阵容不完整"（规则7.4.3）

20.8 局前与局间的不良行为

局前与局间的不良行为，按规则20.3进行判罚，并记录在下一局中。

第七章　裁判员职责与法定手势

21　裁判员组成

一场比赛的裁判员由第一裁判员、第二裁判员、两名司线员以及一至两名记录员组成。

22　工作程序

22.1 比赛过程中只有第一裁判员和第二裁判员可以鸣哨

22.2 裁判员鸣哨中止比赛后，应立即以法定手势表明

22.2.1 第一裁判员鸣哨中止比赛，他应指出：

（1）得分的队；

（2）犯规的性质；

（3）犯规的队员（必要时）。

22.2.2 第二裁判员鸣哨中止比赛，他应指出：

（1）犯规的性质；

（2）犯规的队员（必要时）；

（3）跟随第一裁判员指出得分的队。

第一裁判员不用出示犯规性质和指出犯规队员，只指出得分的队。

22.2.3 如果是双方犯规，他们都要按顺序指出：

（1）犯规的性质；

（2）犯规的队员（必要时）；

（3）应发球的队。

23　第一裁判员

23.1 位置

第一裁判员站在球网一端的裁判台上执行职责，其水平视线必须高出球网上沿50厘米。

23.2 权力

23.2.1 第一裁判员自始至终领导该场比赛，对所有裁判员和球队成员行使权力。比赛中，其判定为最终判定；如果发现其他裁判员的错误，其有权改判，甚至可撤换不称职的裁判员。

23.2.2　第一裁判员有权决定涉及比赛的一切问题，包括规则中没有规定的问题。

23.2.3　第一裁判员不允许对其判定进行任何讨论；但当场上队长提出请求时，其应对判定所依据的规则和规则的执行给予解释。

如果场上队长表示不同意其解释，并立即声明保留比赛结束后将抗议写在记分表上的权力时，第一裁判员必须准许。

23.3　职责

23.3.1　比赛前，第一裁判员：

23.3.1.1　检查场地、器材和比赛用球；

23.3.1.2　主持双方队长抽签；

23.3.1.3　掌握两队准备活动。

23.3.2　比赛中，第一裁判员有权：

23.3.2.1　向球队提出警告；

23.3.2.2　对不良行为和延误比赛进行判罚。

23.3.2.3　判定：

（1）发球犯规和发球队位置错误，包括发球掩护；

（2）比赛击球犯规；

（3）高于球网和球网上部的犯规；

（4）进攻性击球犯规；

（5）过网拦网犯规；

（6）球的整体从网下空间穿越；

（7）后排队员完成拦网；

（8）穿越中线进入对方场区犯规。

23.3.3　比赛后，检查记分表并签字。

24　第二裁判员

24.1　位置

第二裁判员站在第一裁判员对面，比赛场区外的网柱附近，面向第一裁判员执行其职责。

24.2　权力

24.2.1　第二裁判员是第一裁判员的助手，但也有自己的权限。当第一裁判员不能继续工作时，代替第一裁判员执行工作。

24.2.2　可以用手势指出其权限以外的犯规，但不得鸣哨，也不得对第一裁判员坚持自己的判断。

24.2.3　掌管记录台的工作。

24.2.4　监督球队席上的球队成员，并将其不良行为报告给第一裁判员。

24.2.5　允许比赛暂停和换人的请求，掌握间断时间和拒绝不符合规定的请求。

24.2.6 掌握各队暂停和换人的次数,并将第二次暂停和第四人次或第五人次的换人告诉第一裁判员和有关教练员。

24.2.7 发现队员受伤,允许该队进行特殊换人,或给予5分钟的恢复时间。

24.2.8 检查比赛场地的条件,主要是前场区。比赛中还要检查球是否符合比赛的要求。

24.3 **职责**

24.3.1 在每局开始、决胜局交换场区以及在必要的时候,检查场上队员的实际位置是否与位置表相符。

24.3.2 在比赛中,第二裁判员对以下犯规做出判断,鸣哨并做出手势:

24.3.2.1 队员网下穿越进入对方场区和空间;

24.3.2.2 接发球队位置错误;

24.3.2.3 队员触及球网和第二裁判员一侧的标志杆;

24.3.2.4 后排队员完成拦网;

24.3.2.5 球触及场外物体;

24.3.2.6 球的整体或部分从过网区以外过网,飞入对方场区,或触及其一侧的标志杆;

24.3.2.7 第一裁判员难以观察时,球触及地面。

24.3.3 比赛结束后,在记分表上签字。

25 记录员

25.1 **位置**

记录员在第一裁判员对面的记录台,面对第一裁判员执行其职责。

25.2 **职责**

25.2.1 记录员在比赛前和每局前:

25.2.1.1 按照规定程序登记有关比赛和比赛队的情况,包括队员的姓名、号码,并获得双方队长和教练员的签字;

25.2.1.2 根据位置表登记各队的开始阵容。

25.2.2 记录员在比赛中:

25.2.2.1 记录得分;

25.2.2.2 掌握各队的发球次序,在球队询问发球次序时,及时、准确地告知发球队或发球队员,发现发球次序错误应在发球后立即通知裁判员;

25.2.2.3 掌握并登记暂停和换人次数并通知第二裁判员;

25.2.2.4 对违背规则的间断请求及时告知裁判员;

25.2.2.5 在每局结束及决胜局8分时,及时告知裁判员;

25.2.2.6 记录各种判罚和不符合规定的请求;

25.2.2.7 在第二裁判员指导下登记其他事件,如特殊换人、恢复时间,被拖延的间断,外因造成的间断等;

25.2.2.8 掌握局间休息时间。

25.2.3 记录员在比赛结束后：
25.2.3.1 登记比赛最终结果；
25.2.3.2 如果有提出抗议的情况并得到第一裁判员同意，允许队长将有关抗议的内容写在记分表上；
25.2.3.3 在记分表上签字后，取得双方队长和裁判员签字。

26　司线员

26.1　位置
两名司线员，其位置站在两名裁判员右侧场区角端，距场角0.5～1米处，各自负责其一侧的端线和边线。

26.2　职责
26.2.1 用旗（40厘米×40厘米）按旗示执行其职责：
26.2.1.1 当球落在其负责的线附近时，示意"界内"或"界外"；
26.2.1.2 球触及接球人身体后出界，示意"触手出界"；
26.2.1.3 示意球触及标志杆、发球后球从过网区外过网等；
26.2.1.4 示意发球击球时场内队员脚踏出场区之外（发球队员除外）；
26.2.1.5 发球队员脚的犯规；
26.2.1.6 球从标志杆外过网进入对方场区。
26.2.2 在第一裁判员询问时，必须重复其旗示。

27　裁判员的法定手势

27.1　第一、第二裁判员的手势
裁判员必须以法定手势（见附件1）指出鸣哨的原因（犯规的性质或准许比赛间断的目的等）。手势应有短时间的展示。如果是单手做手势，应用与犯规队或请求队同侧的手表示。

27.2　司线员的旗示
见附件2。

附件1　裁判员手势图

表明的性质	裁判员手势	表明的性质	裁判员手势
允许发球：挥动发球队一侧手臂		得分、发球队：平举发球队一侧手臂	
交换场地：两臂在体前、体后绕体旋		暂停：一臂屈肘抬起，另一手手掌放在该手指尖上，然后指明提出请求的队	
换人：两臂屈肘在胸前绕环		一局或全场比赛结束：两臂在胸前交叉	
发球时球未抛起：一臂慢慢举起，掌心向上		发球掩护或拦网犯规：两臂上举，掌心向前	
发球延误：举起八个手指并分开		界内球：手臂和手斜指向地面	
位置错误或轮转错误：一手食指在体前绕环		界外球：两臂屈肘上举，手掌向后摆动	

 气排球

表明的性质	裁判员手势	表明的性质	裁判员手势
持球：屈肘慢举前臂，掌心向上		过网击球或过网拦网：一手掌心向下，前臂置于球网上空	
连击：举起两个手指并分开		进入对方场区或球从网下通过：手指指向中线	
发球未过网和队员触网：一手触犯规队一侧球网		双方犯规，重新发球：两臂屈肘，竖起拇指	
队员进攻性击球犯规或前场区击球犯规：一臂向上举起，前臂向下摆动		轻微不良行为：一手持黄牌	
触手出界：用一手掌摩擦另一手屈肘上举的指尖		冒犯行为：一手持红、黄牌，取消该场比赛资格	
粗鲁行为：一手持红牌，对方得1分并发球		延误警告和判罚：两臂屈肘举起，用黄牌指手腕（警告）或用红牌指手腕（判罚）	
四次击球：举起四个手指并分开		侵犯行为：双手分持红、黄牌，取消该场比赛资格	

132

附件2　司线员旗示图

表明的性质	司线员旗势
界内球：向下示旗	
界外球：向上示旗	
无法判断：双手胸前交叉	

表明的性质	司线员旗势
触手出界：一手举旗，另一手放置在旗顶上	
球触标志杆或队员发球时脚的犯规：一手举旗晃动，另一手指标志杆或端线	

附件3 气排球比赛记分表（四人制、五人制）